穿越 中国隧道及地下工程修建关键技术研究书系

土质山岭隧道马蹄形盾构法修建技术
——浩吉铁路白城隧道工程

王江红 韩贺庚 申志军 仇文革 夏勇 等 编著

A Mechanized Method with Houseshoe Shape
EPB-TBM First Applied in Loess
Mountain Tunnel
——The Baicheng Tunnel Project Case of Haolebaoji-Ji'an Railway

人民交通出版社股份有限公司
北京

内 容 提 要

本书基于马蹄形盾构法在浩吉铁路白城隧道的成功应用,系统总结了马蹄形盾构在黄土地层大断面山岭隧道中的关键技术,形成了成套技术体系,主要包括:马蹄形盾构机设计与制造、马蹄形盾构管片设计与制造、大断面马蹄形盾构始发与接收技术、大断面马蹄形盾构掘进施工关键技术、管片结构力学测试、盾构数字化技术与管理平台。同时,本书分享了黄土隧道施工工法的比选经验,并对盾构法在山岭隧道中的推广应用进行了总结与展望。

本书技术成果具有较强的推广和应用价值,可供从事盾构研发制造的科研人员、盾构隧道设计施工的工程技术人员以及相关专业的高校师生参考。

图书在版编目(CIP)数据

土质山岭隧道马蹄形盾构法修建技术:浩吉铁路白城隧道工程 / 王江红等编著. — 北京:人民交通出版社股份有限公司,2021.12
 ISBN 978-7-114-17077-5

Ⅰ.①土… Ⅱ.①王… Ⅲ.①大断面地下建筑物—隧道施工—盾构法 Ⅳ.①U455.43

中国版本图书馆 CIP 数据核字(2021)第 021464 号

Tuzhi Shanling Suidao Mati Xing Dungou Fa Xiujian Jishu——Hao-Ji Tielu Baicheng Suidao Gongcheng

书　　名:	土质山岭隧道马蹄形盾构法修建技术——浩吉铁路白城隧道工程
著 作 者:	王江红　韩贺庚　申志军　仇文革　夏　勇　等
责任编辑:	谢海龙
责任校对:	孙国靖　龙　雪
责任印制:	刘高彤
出版发行:	人民交通出版社股份有限公司
地　　址:	(100011)北京市朝阳区安定门外外馆斜街 3 号
网　　址:	http://www.ccpcl.com.cn
销售电话:	(010)59757973
总 经 销:	人民交通出版社股份有限公司发行部
经　　销:	各地新华书店
印　　刷:	北京虎彩文化传播有限公司
开　　本:	787×1092　1/16
印　　张:	13.25
字　　数:	311 千
版　　次:	2021 年 12 月　第 1 版
印　　次:	2021 年 12 月　第 1 次印刷
书　　号:	ISBN 978-7-114-17077-5
定　　价:	90.00 元

(有印刷、装订质量问题的图书由本公司负责调换)

编 委 会

主　　编：王江红
副 主 编：韩贺庚　申志军　仇文革　夏　勇
编　　委：张　梅　毕清泉　李建斌　杨世武　杨仲杰
　　　　　万俊峰　陈　平　丁俊峰　牟　松　申德芳
　　　　　王士明　管晓军　王杜娟　贾连辉　章龙管
　　　　　马兆飞　皮　圣　王丽庆　董艳萍　郑余朝
　　　　　范　磊　黄景新　谢　飞　杜飞天　于遵博
　　　　　雷　电　杨　琪　另本春　焦　熠　叶兰亭
　　　　　袁正璞　龚　伦　艾旭峰　段东亚　宋宝吉
　　　　　程云建　解　勇

前言

A Mechanized Method with Houseshoe Shape EPB-TBM First Applied in Loess Mountain Tunnel
——The Baicheng Tunnel Project Case of Haolebaoji-Ji'an Railway

随着我国经济迅速发展和隧道施工机械制造水平的逐步提高，为保证施工安全及施工质量，加快施工进度，体现以人为本的建设理念，隧道工程将逐步实现机械化、智能化、信息化和全生命周期的建设维护。盾构法因施工扰动影响小、机械化程度高、施工进度快等优点，已在我国城市地铁区间隧道和跨江越海通道工程建设中得到了广泛应用。但在山岭隧道建设中，由于地质不确定性强、隧道断面大、圆形盾构净空利用率低、整体费用相对较高，盾构法应用较少。

针对浩吉铁路黄土地层山岭隧道工程，为了克服现有施工技术的局限性，获得更好的经济、社会和环境效益，创新性地提出了大断面马蹄形盾构隧道的构想，并为此研制了大断面马蹄形多刀盘组合的土压平衡盾构机，形成了大断面马蹄形隧道修建成套技术和黄土地区山岭隧道施工的新工法，且在白城隧道中得到了成功的应用，填补了马蹄形盾构法在山岭隧道修建方面的空白，其创新成果荣获"国际隧道协会2018年度技术创新项目奖"，为黄土地区山岭隧道的建设提供了新的解决方案。

本书内容基于上述研究成果与实践经验，介绍了黄土隧道工法比选、马蹄形盾构机的设计与制造、马蹄形盾构管片设计与制造、大断面马蹄形盾构始发与接收技术、大断面马蹄形盾构掘进施工关键技术、管片结构力学测试、盾构数字化技术与管理平台，以及对该修建技术的总结与展望。衷心希望，本书能为推动盾构技术持续发展，以及黄土地层山岭隧道的设计、施工和相关研究提供有益的参考。

本书由王江红主编，韩贺庚、申志军、仇文革、夏勇担任副主编。本书得到了浩吉铁路股份有限公司、中铁四局集团有限公司、中国铁路设计集团有限公司、中铁工程装备集团有限公司、西南交通大学、成都天佑智隧科技有限公司等单位的支持和帮助，在此衷心地表示感谢。

由于著者水平有限，难免有疏漏和错误之处，敬请读者提出宝贵意见。

作 者
2021年10月

A Mechanized Method with Houseshoe Shape EPB-TBM First Applied in Loess Mountain Tunnel
——The Baicheng Tunnel Project Case of Haolebaoji-Ji'an Railway

目录

第1章 绪论 ·· 001
1.1 黄土隧道工法现状与发展趋势 ·· 001
1.2 异形盾构工法现状与发展趋势 ·· 003
1.3 白城隧道工程概况 ·· 005
1.4 施工方法比选 ·· 006
1.5 盾构机选型 ·· 011
1.6 马蹄形盾构施工关键技术研究 ·· 013

第2章 马蹄形盾构机设计与制造 ·· 015
2.1 马蹄形盾构机总体设计 ··· 015
2.2 马蹄形盾构机盾体设计 ··· 017
2.3 马蹄形多刀盘联合开挖技术 ··· 022
2.4 紧凑型刀盘驱动设计与联合控制 ··· 026
2.5 马蹄形多曲率管片拼装机设计 ·· 029
2.6 马蹄形盾构机电液控制系统集成技术 ······································· 039
2.7 马蹄形盾构机姿态控制针对性设计 ·· 042
2.8 螺旋输送机制作技术 ·· 043
2.9 马蹄形盾构机后配套系统设计 ·· 045
2.10 整机组装工艺技术 ·· 049

第3章 马蹄形盾构管片设计与制造 ·· 054
3.1 设计原则及标准 ·· 054
3.2 计算模型及荷载组合 ·· 054
3.3 管片内力计算 ·· 059

3.4 管片结构设计 ………………………………………………………………… 067
3.5 管片厂选址与建设 …………………………………………………………… 072
3.6 管片模具配备 ………………………………………………………………… 076
3.7 管片制造 ……………………………………………………………………… 077

第4章 大断面马蹄形盾构始发与接收技术 …………………………………… 084
4.1 盾构场地准备 ………………………………………………………………… 084
4.2 盾构机现场组装及调试 ……………………………………………………… 085
4.3 盾构始发工艺 ………………………………………………………………… 086
4.4 盾构接收 ……………………………………………………………………… 091
4.5 盾构机拆除 …………………………………………………………………… 096

第5章 大断面马蹄形盾构掘进施工关键技术 ………………………………… 101
5.1 盾构掘进参数控制 …………………………………………………………… 101
5.2 渣土改良技术 ………………………………………………………………… 104
5.3 管片拼装技术 ………………………………………………………………… 112
5.4 同步注浆与管片椭变控制技术 ……………………………………………… 114
5.5 长距离掘进技术 ……………………………………………………………… 116
5.6 近接构筑物施工控制技术 …………………………………………………… 118
5.7 硬质土侵入处理技术 ………………………………………………………… 123

第6章 管片结构力学测试 ………………………………………………………… 127
6.1 试验方案 ……………………………………………………………………… 127
6.2 监测数据分析 ………………………………………………………………… 129
6.3 分析总结 ……………………………………………………………………… 138

第7章 盾构数字化技术与管理平台 ……………………………………………… 139
7.1 盾构机制造数字化技术 ……………………………………………………… 139
7.2 建筑信息化模型（GIS + BIM）技术 ………………………………………… 143
7.3 盾构项目管理系统 …………………………………………………………… 188

第8章 总结与展望 ………………………………………………………………… 194
8.1 关键技术创新 ………………………………………………………………… 194
8.2 社会、环境与经济效益 ……………………………………………………… 196
8.3 优化改进建议及推广价值 …………………………………………………… 196

参考文献 ……………………………………………………………………………… 198

第1章 绪论

1.1 黄土隧道工法现状与发展趋势

1.1.1 黄土的基本特征

我国黄土地区分布范围广泛、连续、地层发育完整、厚度大,总面积约为 64 万 km^2,占国土面积的 6.6%。黄土是第四系干旱、半干旱气候条件下,陆相沉积的一种特殊土,是最新的地质时期形成的土状堆积物。黄土颗粒成分以粉粒为主,粉粒(粒径 0.05~0.005mm)含量一般在 60% 以上;黄土中普遍含有砂粒,一般颗粒均小于 0.25mm;黏土含量一般在 20% 左右。黄土按照形成时间,分为早更新世的午城黄土、中更新世的离石黄土、晚更新世的马兰黄土和全更新世的新近堆积黄土、黄土状土等;按照是否具有湿陷性,又可分为湿陷性黄土和非湿陷性黄土两大类。黄土的基本特征可归纳如下:

(1)具有多孔性,有肉眼能看到的大孔隙,呈松散结构的状态,密度低。

(2)具有柱状节理、垂直节理发育,直立性强。一般无明显层理,有堆积间断的剥蚀面和埋藏的古土壤层。

(3)天然状态下,含水率低,遇水易崩解、剥蚀。

(4)表层多具有湿陷性,易产生潜蚀,形成陷穴。

1.1.2 黄土隧道的工程特性

由于黄土具有以上基本特征,致使黄土隧道表现出显著的工程特性,黄土隧道埋深一般比较浅,遇水容易软化,物理力学性能急剧下降,尺度效应特别明显等。因此,在建设过程中容易出现以下问题:

(1)隧道塌方。由于黄土垂直节理发育,因节理切割形成竖向软弱面,隧道开挖形成临空面后易沿软弱面塌落,其塌方多具突然性,且经常出现冒顶现象,极易引起较大的伤亡事故。

(2)地表开裂。在黄土隧道洞口浅埋、偏压段,施工过程中地表会出现与隧道中线平行的纵向裂缝,并且随掌子面的前进,裂缝也向前发展,如掌子面暂停开挖一段时间,掌子面前方地表会出现横向裂缝,常与纵向裂缝连通,形成环抱式纵横裂缝。

(3)衬砌开裂。黄土隧道变形特性、围岩压力分布、深浅埋分界等均不同于一般土质隧道,若断面形式、结构设置不当易出现衬砌结构开裂。

(4)基础湿陷沉降。黄土隧道洞口浅埋段一般为新黄土或新近堆积黄土,多具湿陷性。新黄土结构疏松、孔隙比大、天然含水率低,除有上述的湿陷变形和施加荷载后的压缩变形外,还可能会产生增湿变形;当偏低的含水率提高,没有达到湿陷的程度,此时并不发生湿陷,但由于黄土结构在一定程度上已遭到破坏,变形模量降低,在荷载不变的条件下将会产生压缩变形。由于增湿有一个过程,所以这种变形基本发生在运营期间,成为工后沉降的一部分,该变形很可能大于工后沉降的要求,造成道床开裂、线路不平顺,危及行车安全。

对于承载力较低尤其是高含水率黄土隧道基底,如地基黄土未能采用有效的处理措施,则极易引起结构的整体下沉或不均匀沉降,造成结构开裂、翻浆冒泥等病害,危及行车安全。

(5)黄土斜坡变形。黄土斜坡变形主要包括黄土滑坡、坡面崩(坍)塌等,其中,黄土滑坡主要是斜坡受自然因素或工程活动影响造成的突发性土体整体滑移现象,其后果常常是灾难性的。

(6)黄土陷穴。黄土陷穴是黄土地区普遍存在的一种不良地质,在隧道施工过程中受其影响,可能会引起隧道塌方;在运营过程中位于线路下方则会造成重大安全隐患,甚至引起颠覆列车的重大事故;陷穴位于黄土台塬边缘或边坡附近则可能造成边坡坍塌。

1.1.3 黄土隧道的施工工法

根据黄土隧道的工程特性,结合试验研究成果和现场建设经验,当采用矿山法施工大断面黄土隧道时,对于不同含水率的黄土,采取的施工方法及变形控制措施也不同(小、中跨度可参考),具体如下所述。

(1)一般含水率($w<17\%$)。采用三台阶七步开挖法施工,以控制沉降变形为重点。

(2)中高含水率($17\% \leqslant w < 25\%$)。土体多呈硬塑~软塑状态,承载力较低,掌子面具有一定的自稳性。可以采用三台阶法施工,但初期支护沉降变形较大。需适当加强辅助支护措施,包括增加锁脚锚管、钢架底部设型钢、牛腿、核心土上方设置临时竖撑等,同时应缩短仰拱封闭距离至20~25m。

(3)高含水率($w \geqslant 25\%$)。根据现场实践经验,当黄土含水率较高时($25\% \leqslant w < 28\%$),土体多呈软塑性,承载力较低,掌子面自稳性较差,在大断面、暴露时间较长时,掌子面存在滑移失稳的可能,同时掌子面后方沉降变形大。此种条件下如果不提前采用加固和支护措施则不宜采用台阶法施工,可采用简易交叉中隔墙法(CRD法)以化大为小、分部开挖、快速支护,在控制好掌子面稳定的情况下,通过控制封闭距离、适当加强辅助支护措施控制沉降变形。

当含水率很高时($w \geqslant 28\%$),土体水近饱和~饱和,多呈流塑状,承载力很低,掌子面无法自稳,易失稳坍塌。需采用超前深孔预注浆等措施对掌子面前方进行预加固,加固后可以采用三台阶法施工,需加强拱部超前支护和辅助支护措施,以防止塌方、控制变形。

1.1.4 黄土隧道工法的发展趋势

目前我国黄土隧道施工仍以矿山法为主,随着我国经济水平的发展和隧道施工机械制造水平的逐步提高,为保证施工安全、质量,加快施工进度,充分体现以人为本的建设理念,实现铁路隧道建设现代化,黄土隧道必将逐步实现机械化、智能化、信息化和全生命周期的建设维护。后续黄土隧道修建技术需要在以下几个方面进行拓展研究和应用。

(1) 深化机械化、信息化技术在黄土隧道矿山法施工中的应用。

目前,黄土隧道矿山法施工机械设备主要与开挖、出渣以及二次衬砌作业配套,在喷混凝土、钢架、锚杆等初期支护及超前支护作业方面基本依靠人工完成。受作业环境、劳动强度、安全压力、工序衔接、人员素质等多方面影响,支护施作质量常难以保证。目前湿喷机械手、钢架安装台车等机械设备已全部实现国产化。为提高矿山法施工机械水平,保证施工安全和质量,后续需在政策引导、投资配套、建设管理等方面开展研究和应用。

(2) 继续深化预切槽法在黄土隧道工程的试验。

预切槽法作为一种独特的预支护技术,在软弱围岩、复杂环境下控制沉降方面具有独特的优势,在日本、欧美等国家和地区已进行了较多的应用,技术日趋成熟。为充分掌握预切槽法施工技术,后续需要在设备制造、设备配套、施工工艺及设计理论方面进一步开展相关试验研究工作。

(3) 扩大盾构法在黄土隧道中的应用。

与其他施工工法相比,盾构法具有机械化程度高、施工速度快、隧道断面精准、对环境影响时间短、施工人员安全程度高、防水工程施工方便、质量较好等优点,已在我国城市区间隧道建设中广泛应用。但其同时也具有以下缺点:盾构设计、制造、安装等准备期长,前期投资大;当地层条件多变时,施工风险大;一般只适合圆形断面,断面变化少,通常只适合事先确定的断面,改变断面代价大,如扩大断面;作为交通隧道时,圆形断面利用率较低,随着隧道断面的增大利用率降低;隧道直径大于 12m 时,经济性较差。但是对于地质条件差、长距离施工,要求施工速度快,或严格限制地表沉降时,与其他施工工法相比,盾构法仍是首选。

在山岭隧道施工中,采用盾构法费用相对较高。为尽量降低盾构法施工的设备摊销,缩小与矿山法施工的费用差距,应考虑在长大黄土隧道或多座黄土隧道群中进行拓宽应用。此外,发展异形盾构(本书指非圆形断面盾构)施工技术来修建黄土隧道,从而提高隧道断面利用率、降低能源及材料消耗,进而降低施工成本。同时提升异形盾构法的适用性,也是一个重要的发展方向。

1.2 异形盾构工法现状与发展趋势

1.2.1 异形盾构工法现状

盾构法的推广与盾构装备的发展是密不可分的。1825 年法国人布鲁内尔发明的人类历史上第一台盾构机就是矩形断面,断面尺寸为 $11.4m \times 6.8m$,采用手掘式开挖,从此拉开了盾构法隧道施工的序幕。

此后,受限于当时混凝土技术以及机械设计制造技术的水平,异形盾构发展缓慢;而圆形盾构隧道由于衬砌结构具有受力均匀、内力较小、经济性好、便于实现机械化开挖和衬砌拼装等优点,迅速成为发展的主流。在此后的 100 余年内,几乎所有用盾构法开挖的隧道都是采用的圆形断面盾构机。直到 20 世纪中叶,随着经济发展,城市地下空间开发利用需求快速增加,同时由于材料技术、结构设计技术、工程机械技术的巨大进步,采用异形断面盾构机开挖隧道又重新登上历史发展的舞台。

异形盾构机开挖隧道的施工工艺、流程与单圆盾构机开挖隧道基本类似,主要包括准备工作(地质勘察等)、工作井施作、端头加固、盾构机组装调试、始发掘进、土体开挖、注浆管理、衬砌支护、渣土运输、到达接收等环节,但是各个环节的施工方法与技术要求与单圆盾构机开挖隧道施工却不尽相同,特别是在管片拼装技术、沉降控制技术、姿态控制技术、渣土改良技术等方面具有显著的差异。

从世界范围来看,目前已进行异形盾构研发并付诸实际应用的主要是中国和日本。日本由于受国土资源的限制,对地下空间的开发非常重视,于 20 世纪 60 年代开始对异形断面隧道建设与异形隧道掘进机技术展开研究,并于 20 世纪 90 年代开始快速推广。经过几十年的发展,日本的异形盾构技术已比较成熟,设备种类齐全,包括矩形、椭圆形、马蹄形、自由断面、多圆等多种异形盾构机,并在市政、过街通道、综合管廊等领域的多个项目得到了广泛的应用,整体技术水平处于世界领先。

我国在异形盾构技术方面的研究晚于日本,于 20 世纪 90 年代开始进行技术研究与工程验证,随后进行了快速地推广应用。在短短十几年的时间里,完成了关键技术从引进消化吸收到自主研发创新的转变,应用范围从软土小断面拓展到复合地层超大断面,装备类型实现了从单一矩形断面盾构机到双圆、类矩形盾构机等多类型的转变。

各种形状的盾构机都有自己的特点,适用于不同功能需求的工程。如矩形盾构机能最大限度地提高空间利用率,但是开挖的断面结构受力条件较差,故一般适用于城市浅覆土隧道工程;双圆盾构机或类矩形盾构机可同时修建左右线,提高空间利用率和施工效率;三圆盾构机非常契合地铁车站特殊的结构形式;悬臂掘进机等自由断面异形盾构机小巧、灵活,不局限于特定的形状,能够实现矩形、半圆形、马蹄形等多种异形隧道断面的开挖,适用于采矿隧道或结合传统工法进行山岭隧道施工。其中,马蹄形盾构机结构受力优于矩形盾构机,空间利用率优于圆形盾构机,同时更符合流体力学,适用于长距离的山岭隧道,也可用于城市深埋地下空间开发。

1.2.2 异形盾构工法的发展趋势

由于异形断面隧道具有断面灵活、空间利用率高、功能匹配性强等特点,随着人类社会的快速发展和科学技术水平的不断提高,异形断面隧道的发展契合了当今社会对地下空间开发日益增长的需求,可广泛应用于大型交通隧道、地下综合管廊、地铁车站、地下停车场、国防工程等众多领域,必将进入高速发展阶段,这种必然的趋势主要体现在以下几个方面:

(1)圆形断面隧道施工一般需要 1 倍洞径以上埋深,许多情况下无法满足要求,而异形断面隧道能适应更浅覆土的施工,具有更显著的经济和社会效益。

(2)采用异形断面可减少开挖面积,减少切削量和渣土处理量,同时避免了多余空间的回填,既节省了地下空间资源,又降低了造价。

(3)在复线铁路、公路隧道中,异形断面可以一次性获得合理的隧道断面,避免平行推进两条隧道的施工情况。因此,更加经济、高效。

(4)近年来,异形盾构研发及异形断面机械化施工技术都得到了快速发展,为异形断面隧道的发展提供了技术保证。

(5)发展异形盾构施工技术在很大程度上也契合了黄土山岭隧道修建技术的发展需求,异形盾构工法既能够克服黄土隧道传统施工方法安全性低、施工进度慢、变形控制能力弱、劳动强度高、作业环境差、质量控制难等缺点,又能够弥补常规圆形盾构隧道空间利用率低、施工成本高、能量和材料消耗大的不足,可实现黄土隧道安全高效、变形可控、质量稳定、经济合理的修建。

随着科学技术的发展,异形盾构施工技术将会获得更多的技术支持与保证。因此,在大量的黄土隧道建设中,需要广大工程技术人员积极开拓、勇于尝试异形盾构施工技术,以推动异形盾构技术的应用与发展,推动我国山岭隧道修建技术的发展。

1.3 白城隧道工程概况

浩吉铁路(原建设工程名为"蒙西至华中地区铁路",简称"蒙华铁路")是我国一次性建设的最大规模运煤专线,"北煤南运"战略运输通道,北起内蒙古自治区浩勒报吉,终点到达江西省吉安市,线路全长1813.5km,规划设计年输送能力为2亿t,它的建设对于完善路网布局、开发煤炭资源、带动经济发展,具有十分重要的意义。白城隧道为时速120km单洞双线电气化铁路隧道,位于陕西省靖边县,浩吉铁路土建3标段内,隧道进口里程为DK206+365,出口里程为DK209+710,隧道全长3345m,隧道进、出口分别为210m、100m明洞。线路全段位于直线上,隧道纵坡为人字坡,坡度分别为4.5‰、3‰、-3.112‰。隧道最大埋深为81m,最小埋深为7m。隧道围岩级别为Ⅴ、Ⅵ级,其中Ⅴ级2730m、Ⅵ级305m。隧道洞身范围内地层主要为第四系全新统风积层(Q_4^{eol})粉砂、细砂,第四系上更新统风积层(Q_3^{eol})砂质新黄土。隧道进口以细砂为主,隧道出口以粉砂为主。隧道范围内无地下水,线路范围内需穿越"三管三线一塔","三管"即延长天然气管道、延长供水管道、长庆石油管道;"三线"即包茂高速、海机线、大车路;"一塔"即高压线塔。白城隧道平面位置及纵断面分别如图1-1、图1-2所示。

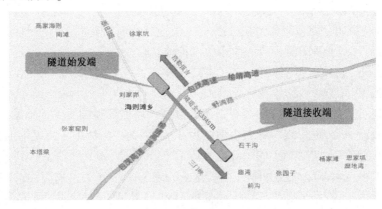

图1-1 白城隧道平面位置示意图

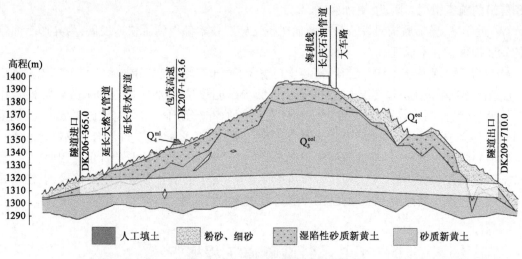

图1-2 白城隧道纵断面示意图

1.4 施工方法比选

施工方法的合理性、可靠性直接影响甚至决定着工程施工安全。在选择施工方法的过程中，还要考虑所选择的施工方法对施工进度和工程安全的不利和有利影响。寻求和选择技术先进、经济合理、快速高效、安全可靠的施工方法是隧道工程开挖施工方法发展的方向和趋势，同样是组织和指导现场作业的主要依据之一。工程的质量、工期、投资和安全与选择的施工方法合理与否息息相关，对施工方法进行的经济、进度、质量、安全，以及其他比选工作具有重要的作用和意义。

目前在我国山岭隧道建设中，开挖方法主要是矿山法，其主要原因是矿山法的适用范围广泛，断面选择自由度大，也较为经济。白城隧道原设计的施工方法如下所述。

（1）进、出口明洞采用明挖法施工。

（2）其余地段按矿山法施工，主要工法为中隔壁法（CD法）、双侧壁导坑法，并结合采用三台阶大拱脚临时仰拱法。

（3）下穿包茂高速公路段采用双层$\phi 159mm$长管棚超前预支护。

（4）到达段粉砂地层采用地表旋喷桩预加固等辅助工法。

（5）在隧道中心处设置施工斜井一座，与隧道斜交54°，长度465m，由进、出口、斜井等多个工作面组织施工。

原设计的施工工法工艺复杂多样，有一定的难度。白城隧道洞身工程地质为稍密稍湿、局部具空隙的砂质新黄土，进口表层分布松散的风积砂，因此矿山法施工需要辅助工法和大刚度的支护，进度慢、造价高，同时施工的风险也大。

盾构法施工在城市浅层地层和跨江越海隧道的施工中得到了大量应用。在断面形式上，常规盾构以圆形为主，特别当面对双线大断面的形式下，大部分为大断面圆形盾构。国际上也有采用双圆甚至三圆土压平衡盾构的先例，但存在开挖断面加大、受力效果差和支护构件增加的劣势。针对白城隧道地层基本为砂质新黄土的条件,提出了采用盾构法施工白城隧道的设想。若采用盾构法,则首先需要研究盾构法是否适用,并进行盾构选型。在此基础上,需要在盾构法和矿山法比选,以及在圆形和马蹄形断面形状两方面进行综合比选,以选出合理的施工方案。

1.4.1 经济比选

从宏观角度来看,对隧道工程开挖施工方法进行经济合理性比选是实现提高能效、降低能耗重大目标的必然要求。从微观角度看,对隧道工程开挖施工方法进行经济合理性比选是决定工程项目能否实施和投资方案是否可行的基本依据,是确保施工方案技术先进性和经济合理性的内在驱动力。基于科学、严谨的经济合理性比选,可使隧道工程开挖施工方案的先进性、科学性、经济性、合理性能够得到最大程度的保障。同时,项目的工程投资、施工成本和运营成本也能够获得最大程度的控制。

选择定量分析总费用法进行计算分析,从施工方法实际成本或者工程经济角度出发,根据大断面马蹄形隧道工程基础资料和统计数据分析盾构法和矿山法人工、材料、机械设备实际消耗水平。对矿山法、盾构法每延米材料消耗量进行比较,其结果见表1-1。

材料消耗量对比(每延米) 表1-1

序　号	对比指标	单　位	矿山法	盾构法
1	开挖量	m³	121.91	104.10
2	注浆量(双液浆)	m³	1.18	10.60
3	小导管	m	65.46	0.00
4	锚杆	m	56.73	0.00
5	混凝土	m³	28.80	16.80
6	钢筋	t	3.96	2.80
7	盾构机折旧(折旧50%)	元	—	19633
8	造价合计	元	119580	141700

由表1-1可知,盾构法由于存在初期的盾构机研发费用和盾构机制造成本,在考虑机械设备折旧率的情况下,盾构法较矿山法施工造价略高。

1.4.2 工期比选

在工程实施过程中,工程施工进度和实施阶段工期主要影响因素为:发包人、监理人、设计单位和外部单位等的影响;原材料、砂石骨料、半成品混凝土,以及构、配件等供应进度和供货质量的影响;发包人工程进度付款、支付延误等的影响;工程设计变更和施工方案变更等的影响;政治层面、经济方面、技术变动及自然因素等风险因素的影响;承包人施工组织、施工管理、资源投入和技术能力等的影响。在施工方法选择过程中,对建设工程工期产生关键性的影响因素则是选择的施工方法本身。因为,不同的施工方法施工进度存在显著差异,这是施工方法进度比选重要意义所在。

比选时,主要采用直接对比法,即按照不同的施工方法,计划完成相同工程量或工作量施工进度的快慢和消耗时间的长短,比较施工方法在施工进度方面的优劣。施工方法计划完成工程量或工作量施工进度和消耗时间的确定方法:一是确定关键施工工作和工程项目;二是确定关键线路;三是按照定额工期计算关键线路占用时间;四是确定施工方法完成全部工作内容所必需的工期。

与矿山法相比,盾构法的施工准备工作主要包括设备生产、场外运输、安装和试运行,以及为组装工作提供场所的场地施工、支护、混凝土、钻孔和灌浆、金属结构制作与安装、组装设备安装等工作。

为了便于研究分析,特将盾构法施工完毕以后的设备拆卸、运输,以及为拆卸工作提供场所的场地施工、支护、金属结构安装和拆卸设备安装等基础工作纳入施工准备阶段工期综合考虑。

(1)矿山法

施工准备需2个月,进度按V级围岩50m/月、Ⅵ级围岩30m/月计,施工需34个月,合计36个月。

(2)盾构法

设备生产、运输、组装需10个月,施工准备需2月,施工需18个月,合计30个月。

盾构法较矿山法工期可提前6个月。

1.4.3 质量比选

1)矿山法

基于白城隧道工程的施工环境条件,采用传统矿山法施工质量控制困难。如需配备的管理人员和施工人员数量规模大,但存在素质良莠不齐,导致部分先进的施工机械设备由于操作者技术水平限制,难以充分发挥其性能;同时,矿山法一般施工环境恶劣、作业条件较差,导致工作人员和施工设备作业效率低。因此,矿山法施工质量不可避免地受到不利影响,质量保证率较低。

2)盾构法

盾构法本身作为方法要素,可以实现作业活动的稳定性和连续性;盾构法掘进配置的管理人员和施工人员具有较高的技术素养和专业素质,且上岗前已接受严格、专业的技术与技能培训;盾构主机及其辅助设备具有机械化、自动化和智能化等鲜明特性,施工质量稳定、无波动;盾构法掘进的主辅材料[包括半成品、构(配)件等]和工程设备无特殊要求、无明显影响;盾构法掘进的作业条件和施工环境较传统的施工方法存在较大改观,尤其是通风、排烟、除尘、降噪、排水及不良地质条件预测和治理条件的改善与能力的提升。因此,盾构法施工质量稳定、质量保证率较高。

1.4.4 安全比选

1)新黄土地层

(1)矿山法

隧道进出口浅埋段为松散的粉细砂地层,不能自稳,容易发生流砂及坍塌;洞身为砂质新黄土,地层松散,掌子面不易稳定,易坍塌。

(2)盾构法

盾构施工具有保压系统和注浆系统,不会出现无支护状态。通过建立土仓的平衡压力,掘进时能够有效控制地表沉降,稳定掌子面。

2)下穿构筑物

采用矿山法下穿包茂高速、天然气管及供水管段地表沉降不易控制,易导致地表开裂,气管水管开裂等。采用盾构法下穿高速公路、天然气管及供水管能够满足沉降控制的要求,施工风险较低。

(1)矿山法

①辅助措施投资约需421万元(含管棚及双侧壁工法),对地表行车干扰较小,但仍需要高速限速行驶。

②施工安全及地表行车安全风险高。

③管棚工作施工难度大,洞内管棚一次性施工长度较长,施工精度不易控制。

(2)盾构法

①无须其他辅助措施。

②对地表行车不存在干扰,施工安全可控。

3)高处坠落

(1)矿山法

在施工过程中,高处坠落风险广泛存在。人员通行和作业通道周围按照规范严格设置防护栏,高处作业每层设置护身栏和挡脚板,施工台架(脚手架)高度超过4m必须挂设安全网,施工台架(脚手架)施工荷载要分布均匀,人员登高作业必须系紧安全带、高挂低用、挂点可靠,登高作业和悬空作业人员必须定期进行体检、服装轻便、鞋帽规范等。

(2)盾构法

盾构及其协助设备结构合理、配置完善,最大限度地满足人性化管理和作业要求。盾构主机设备分层均设置钢板网人行道、护栏和防护网,各层之间设置钢板网步行梯、护栏和防护网,后配套系统具有类似的设置。人行通道头顶位置和转角位置均设置警示标志,结构复杂部位均挂设安全网,充分保证作业人员的安全。

4)机械伤害

(1)矿山法

施工资源投入较多,隧洞分布数量众多的施工人员和施工机械设备,尤其是施工机械设备存在种类繁多、型号复杂、组织困难等现实问题。由于矿山法施工的这种特性,施工过程中机械伤害风险广泛存在。

(2)盾构法

盾构及其协助设备组装、调试、拆卸阶段,施工设备和工具器具数量多、类型杂,安排专人负责协调和调度,施工设备使用必须按照进度计划和规定程序进场作业,作业完毕以后及时撤出现场。各种施工设备和工具、器具操作人员必须取得操作合格证。施工设备水平作业和竖直作业均保持离人体有足够的安全距离。盾构机及其辅助设备组装、调试和拆卸过程中发生机械伤害事故的概率几乎为零。

1.4.5 其他比选

经济、进度、质量、安全方面的比选是进行施工方法选择考虑的主要内容。同时,还考虑了隧道施工作业环境及隧道施工产生的负面效应,如噪声、废弃物等对周围环境的影响。

采用矿山法施工时需要进行土方开挖及喷射混凝土作业,内燃机械在洞内作业,产生的粉尘、废气多,施工环境差。而盾构法施工采用电动机械密闭施工,基本无粉尘、废气产生。

当采用矿山法施工时,爆破产生的振动、噪声会对施工人员,周围居民生活造成一定的影响。而且炸药爆炸生成的炮烟排放到空气中,会造成环境污染。不稳定爆轰产生的残药随渣土一起运输排放,也会对土壤造成污染。盾构法施工中,噪声小,基本不会影响周围居民的生活,基本无污染物质排放。

1.4.6 对比结果汇总

矿山法与盾构法对比结果见表1-2。

矿山法与盾构法对比结果　　　　　表1-2

对比指标	矿山法	盾构法(土压平衡盾构机)	对比结果
经济	每延米开挖量、注浆量(双液浆)、小导管、锚杆、混凝土、钢筋等使用量造价合计119580元	每延米开挖量、注浆量(双液浆)、小导管、锚杆、混凝土、钢筋等使用量,盾构机折旧,造价合计141700元	盾构法稍高
进度	施工准备阶段工期:2个月; 正式施工阶段工期:34个月; 总工期:36个月	施工准备阶段工期:2个月; 正式施工阶段工期:28个月; 总工期:30个月	盾构法工期较短
质量	(1)爆破方式挖掘成洞,对围岩产生强烈的扰动甚至破坏,断面成型质量差; (2)施工机械设备存在简单、简陋的与先进、高效的并存,部分施工机械设备配套性差、工作状态差; (3)施工环境恶劣,作业条件较差,作业效率低	(1)盾构方式挖掘成洞,对围岩产生扰动小,断面成型质量高; (2)盾构及其协助设备具有机械化、自动化和智能化等的鲜明特性,施工质量稳定、无波动; (3)作业条件显著改善,作业效率高	盾构法施工质量稳定、保证率高
安全	(1)隧道进出口浅埋段为松散的粉细砂地层,不能自稳,容易发生流砂及坍塌;洞身为砂质新黄土,地层松散,掌子面不易稳定,易坍塌; (2)高处坠落风险广泛存在; (3)机械伤害风险广泛存在	(1)不会出现无支护状态,掘进时能够有效控制地表沉降,稳定掌子面; (2)钢板网人行道、护栏和防护网,可保证人员安全; (3)发生机械伤害事故的概率很小	盾构法更安全
其他	土方开挖及喷射混凝土作业,内燃动力机械洞内作业,粉尘、废气大,施工环境极差	电动力机械密闭施工,基本无粉尘、废气产生	盾构法环境优

综上所述,采用盾构法施工可有效地保证白城隧道快速、高质量施工,而且还具有以下有利因素:

(1)可推动我国山岭铁路隧道机械化施工,同时使得隧道施工的安全、质量、进度、环保有较大提升。

(2)可减少隧道开挖面积10%~15%,提高隧道的空间利用率,节约投资。

(3)采用盾构法施工,可有效控制安全风险。

1.5 盾构机选型

1.5.1 盾构机选型原则

盾构机选型是盾构法施工隧道安全、环保、优质、经济、快速建成的关键之一。

盾构机是根据工程地质条件、水文地质条件、地貌情况、地面建筑及地下管线和构筑物等具体特征来"度身定做",盾构机不同于常规设备,其核心技术不仅仅是设备本身的机电工业设计,还在于设备如何适用于各类工程地质条件。盾构法施工的成功率,主要取决于盾构机的选型设计,决定于盾构机是否适应现场的施工环境。

盾构机选型的原则是安全性、技术性、经济性相结合,其首要是安全性即以确保开挖面稳定为中心。为此,应注意地质条件(种类、强度、渗透系数、细颗粒含有率、粒径)及地下水条件,同时应充分明确场地条件、竖井(或始发到达点)周边的环境条件、施工线路上的地上及地下建(构)筑物条件、特殊场地条件等所要求的设备功能,在此基础上,还必须连同技术性和经济性等一并考虑,才能选择出适合的盾构机。如果选择错误,就不得不采用其他辅助工法,还可能导致无法开挖及推进,甚至引发重大工程事故等。

1.5.2 盾构机选型步骤

在对工程地质、水文地质条件、周围环境、工期要求、经济性等充分研究的基础上选定盾构的类型。

(1)根据围岩的自稳性对敞开式与密闭式盾构机进行比选;根据地质条件对软土式与复合式盾构机进行比选。

(2)在确定选用密闭式盾构机后,根据地层的粒径、渗透系数、地下水压以及环保、辅助施工方法、施工环境、安全等因素对土压平衡与泥水盾构机进行比选。

(3)在土压平衡盾构机和泥水盾构机都不满足开挖面稳定的要求时,则应考虑选择多模式盾构机。

(4)根据详细的地质勘探资料,对盾构机各主要功能部件进行选择和计算、设计(如刀盘驱动形式、刀盘结构形式、开口率、刀具种类与配置、螺旋输送机的形式与尺寸、沉浸墙的结构设计与泥浆门的形式、破碎机的布置与形式、送排泥管的直径等),并根据地质条件等确定盾构机的主要技术参数。盾构机的主要技术参数在选型时应该进行详细计算,主要包括刀盘、刀盘开口率、刀盘转速、刀盘扭矩、刀盘驱动功率、推力、掘进速度、螺旋输送机功率与直径及长度、送排泥泵功率与扬程等。

(5)根据地质条件选择与盾构掘进速度相匹配的盾构机后配套施工设备。

1.5.3 单一刀盘和多刀盘方案比选

在断面形式上,矿山法铁路双线隧道一般都为马蹄形断面,而常规大断面盾构隧道一般采用圆形断面。如采用单一刀盘的大断面圆形盾构,则需要配套大功率主轴承,一般需要定制,生产周期长,造价高;如采用多刀盘组合的大断面盾构,则可采用多个常规直径的主轴承进行组合,可大大降低成本和制造周期。同时,在多刀盘组合的前提下,则可采用断面利用率相对较高、受力相对较好的马蹄形断面。多刀盘马蹄形盾构机与单一刀盘圆形盾构机的比较见表1-3。

多刀盘马蹄形盾构机与单一刀盘圆形盾构机比较　　　　　　　　表1-3

对比指标	单一刀盘圆形盾构机(土压平衡)	多刀盘马蹄形盾构机(土压平衡)	对比结果
制造周期	大功率主轴承需要定制,完成制造需要24个月	10个月	马蹄形盾构机制造周期短
盾构机造价	1.8亿元	1.2亿元	马蹄形盾构机造价低
施工质量	(1)具有中心对称优势,拼装容易,成型质量高; (2)结构承载好,变形小	(1)管片拼装累积误差大,微调工作量较大、管片错位搭接现象多,且楔形块在最后拼装时环向压紧力不易传导; (2)仰拱部位曲率大,易产生应力集中	马蹄形盾构机质量控制难度大
施工控制	(1)无盲区,开挖容易,排土流畅; (2)土压平衡维持容易	(1)存在盲区,易引起掘进和出土困难; (2)土压平衡维持差	马蹄形盾构机略差
断面面积	88.3m²	81.2m²	马蹄形盾构机断面小
工程造价	5.65亿元	4.74亿元	马蹄形盾构机造价低

1.5.4 盾构轮廓方案比选

矿山法铁路双线隧道一般都为马蹄形断面,因此若采用马蹄形盾构机进行施工,可增加空间利用率,能有效降低工程投资。马蹄形断面内轮廓和圆形断面内轮廓的净空尺寸和限界关系如图1-3所示,两种断面的净空面积比较见表1-4。

马蹄形盾构断面与圆形盾构断面净空面积比较　　　　　　　　表1-4

项	目	轨面以上有效净空面积(m²)	轨面以下有效净空面积(m²)	全部净空面积(m²)
无砟	马蹄形盾构	66.1	15.1	81.2
	圆形盾构	69	19.3	88.3

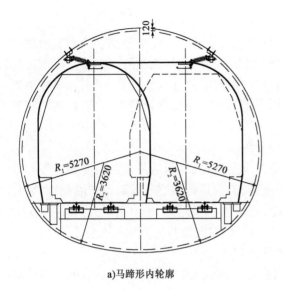 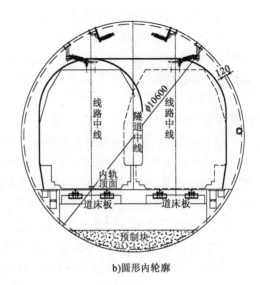

a) 马蹄形内轮廓　　　　　　　　　　　b) 圆形内轮廓

图 1-3　马蹄形和圆形内轮廓净空尺寸与界限关系示意图(尺寸单位:mm)

综合比较,采用马蹄形断面较圆形断面内轮廓净空面积可减少约 7.1m²,减少部位为圆形断面仰拱底部混凝土仰拱填充,马蹄形断面盾构可显著减少传统圆形断面盾构的仰拱底部混凝土圬工方量,同时,结构厚度可由 55cm 调整为 50cm,较圆形断面盾构节省投资。因此在对马蹄形盾构机基本原理、制造技术和施工技术充分调研的基础上,决定采用马蹄形盾构断面形式。当然,由于马蹄形大断面盾构隧道尚属首次,而异形盾构机在山岭隧道大埋深条件下的应用更是空白,因此这种新设备、新技术的应用也存在较大的工程风险。

白城隧道主要穿越地层以粉砂、细砂、砂质新黄土为主,细颗粒含率足够,天然含水率较低,弱透水(新黄土渗透系数为 $2.9 \times 10^{-6} \sim 7.8 \times 10^{-6}$ m/s,在 10^{-7} m/s $\sim 10^{-4}$ m/s 之间)。隧道黄土地基承载力为 180kPa,盾构主机重力与盾体投影面积比值(40kPa)小于该数值,能够保证盾构机掘进过程中不会下沉,满足盾构法施工要求。

采用土压平衡盾构机掘进时,配合渣土改良措施,易于获得流塑性良好的渣土,建立土仓平衡压力,掘进时能够有效控制地表沉降。考虑到城市地铁黄土地层土压平衡盾构施工已经具有成功经验,且土压平衡盾构机综合投资要低于泥水平衡盾构机,因此白城隧道若采用盾构法施工,则应选择土压平衡盾构机。

1.6　马蹄形盾构施工关键技术研究

(1)大断面马蹄形土压平衡盾构机研发与系统集成

大断面马蹄形盾构机在世界上成功应用尚无先例,如何进行多刀盘联合分部开挖,实现断面拟合,如何做到多马达平衡负载协同驱动,以及实现开挖系统、盾体结构、推进系统、管片拼装系统、螺旋输送机出渣系统、皮带输送机、后配套拖车之间的功能协作性,以及运动关联性,都是马蹄形盾构施工技术的关键。

(2)大断面马蹄形盾构管片拼装机

由于马蹄形断面没有圆形的中心对称优势,且断面大、分块多,每个分部管片内表面曲率不同、重量大、惯性大、重心偏置等特点,使管片拼装累积误差大,从而使管片安装时微调工作量较大、管片错位搭接现象多,且楔形块在最后拼装时环向压紧力不易传导。此外由于断面管片分块较多,差异性较大,常规吸盘式管片拼装机很难满足变曲面管片的拼装,机械抓紧式管片拼装机很难满足抓取大重量需求。

(3)大断面马蹄形盾构管片分块与接头设计技术

马蹄形盾构由于管片曲率不同,管片类型、受力及变形特征、制造及拼装精度要求等与常规管片差异较大,如何分块满足受力要求和便于施工,需要进行研究。同时由于断面较大,分块较多,各分块质量大、曲率又有较大不同。因此,连接累积误差大,受力也较大,管片接头方式、螺栓和螺栓孔的方向、大小等参数需要研究,以确保结构安全和施工顺利连接。

(4)大断面马蹄形土压平衡盾构复合式渣土改良技术

由于大断面盾构多刀盘联合开挖,开挖断面存在一定的死角,此外黄土中黏土颗粒比例高,易结泥饼,如何便于开挖刀盘死角和改良渣土成为盾构开挖急需解决的问题。

(5)大断面马蹄形盾构防滚纠偏技术

由于受到断面形式限制,一旦发生滚转直接影响隧道功能,同时也会影响管片拼装,因此对整机防滚、纠偏需要进行深入研究。

因此,浩吉铁路白城隧道工程需对适应于大断面马蹄形盾构隧道的盾构机研发、管片结构设计和盾构掘进控制等方面进行技术攻关,从而形成盾构机研发制造、隧道设计、掘进施工、结构构建和质量控制的大断面马蹄形隧道修建成套技术,以支撑大断面马蹄形盾构隧道的建设,并推动山岭隧道和盾构施工技术进步。

第2章　马蹄形盾构机设计与制造

2.1　马蹄形盾构机总体设计

2.1.1　技术要求

为了满足重载铁路双线隧道运营要求,结合浩吉铁路白城隧道工程地质特点,依托国内盾构机研制能力,借鉴土压平衡超大断面异形盾构机国际同类产品先进水平,实现部分关键技术超过国际领先水平,满足安全、快速、环保施工的要求。主要技术指标如下:

(1) 开挖断面面积约 $105m^2$;

(2) 盾体宽度为 11.9m,盾体高度为 10.95m;

(3) 最大推进速度:60mm/min;

(4) 最大推力:140800kN;

(5) 最大工作压力:5.76bar(1bar=0.1MPa);

(6) 最大转速:1.3r/min(最大直径刀盘);

(7) 刀盘数量:9个;

(8) 额定扭矩:2250kN·m(最大直径刀盘);

(9) 刀盘总功率:1980kW。

2.1.2　总体方案设计

结合浩吉铁路白城隧道工程的地质特点,主要研究大埋深、大断面马蹄形盾构的受力模型建立、总体设计及系统集成技术。马蹄形盾构机主要由开挖系统、盾体结构、推进系统、管片安装系统、螺旋输送机出渣系统、皮带输送机、后配套拖车等组成,各系统之间的功能协作性及运动关联性,在此基础上最终形成了超大断面马蹄形盾构机的设计方案。

超大断面马蹄形盾构机刀盘开挖形式采用平行轴式9刀盘布置方案(图2-1),3前6后成"品"字形,开挖覆盖率能达到90%以上,大刀盘由6根刀梁组成,开口率达到58.2%。盾体设计为马蹄形,上部为圆拱,下部稍扁,左右两翼下侧的弧度较小。上下两半组合结构,方便吊装和运输。沿切口环周向布置切刀,以增加切土能力及耐磨性。为使刀盘提供可靠、足够的扭矩,每个刀盘配置一组驱动，每组驱动配置有6台电动机和6台减速机。顶推装置配置44根等推力液压缸，总推力达到140800kN。由于断面尺寸过大，设备配置2台轴式螺旋输送机，输出的额定扭矩为125kN·m，额定转速为25r/min，出渣能力为335m³/h，满足相应推进速度下的出渣要求。

图2-1　超大断面马蹄形盾构机

2.1.3　超大断面马蹄形盾构机工作原理

超大断面马蹄形盾构机主要由开挖系统、出渣系统、渣土改良系统、减摩注浆系统、动力系统、控制系统、测量导向系统等系统组成（图2-2、图2-3），适用于粉土、粉质黏土、粉砂、细砂等为主的土质地层。

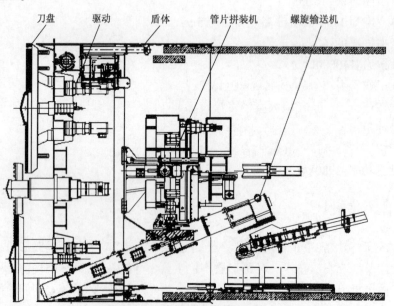

图2-2　整机结构示意图

超大断面马蹄形盾构机依靠刀盘及刀具切削完成对地层的开挖，被开挖的渣土在压力平衡控制下通过螺旋输送机输送到皮带输送机中被转运到地面，管片拼装机伸缩、旋转和移动等功能都是比例控制的，通过遥控器控制，可以实现对管片的精确定位。与常规圆形盾构法相比，具有成本低、施工效率高的特点，且对配套设备要求低、操作控制方便安全，设备造价低廉、经济实用。

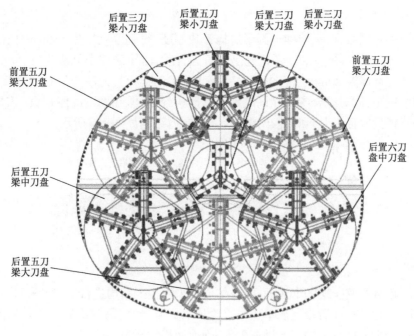

图 2-3 刀盘装置结构示意图

2.2 马蹄形盾构机盾体设计

2.2.1 马蹄形盾体结构设计方案

通过对马蹄形隧道盾体受力特点进行研究分析,并根据地质条件计算盾构周围的载荷情况和边界条件,建立马蹄形盾体等效三维模型,进行数值模拟分析,研究出马蹄形盾体强度刚度的分布特点,并进一步优化盾体结构设计;同时在工业性试验阶段进行应变试验和微小变形的监测试验,来验证数值模拟分析结果,以满足整机掘进平稳和管片拼装准确性的要求。

马蹄形盾构机盾体是刀盘、驱动、螺旋输送机、管片拼装机等结构的支撑载体,为盾构机前进、衬砌拼装提供护盾保护作用。盾体结构的合理与否直接影响隧道建设的正常进行及施工人员的安全,是设计人员研究的重要方面。

马蹄形盾构机盾体主要包括前盾、中盾和尾盾三部分,如图 2-4 所示。这三部分结构都是马蹄形筒体,前盾和与之焊在一起的承压隔板用来支撑刀盘驱动。前盾和中盾通过法兰以螺栓连接,中盾和尾盾采用现场焊接,尾盾末端装有密封用的盾尾刷。

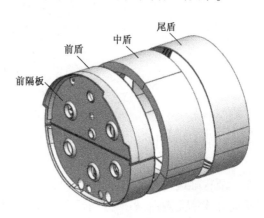

图 2-4 马蹄形盾体示意图

1) 盾体尺寸确定

参照国内外相同级别、类似地质圆形盾构管片厚度,衬砌厚度采用500mm,由隧道内轮廓线外扩500mm得到管片外轮廓。考虑施工隧道为直线,盾尾采用小间隙设计,间隙为45mm,间隙外另有加强环厚度20mm,由于尾盾作为管片拼装的空间,无法布置加强筋板,尾盾初步设计采用较厚钢板,同时综合参考相同级别圆形盾构经验,采用90mm厚钢板(该尾盾厚度经后文仿真分析得到验证),从而确定出尾盾尺寸。尾盾结构如图2-5所示

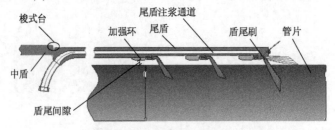

图2-5 尾盾结构局部示意图

为解决大型盾构软土层的卡盾问题,盾体创新采用梭式结构进行针对性设计,在尾盾外尺寸基础上,中盾较尾盾、前盾较尾盾单边依次阶梯增大。最终,马蹄形盾构机前盾断面尺寸定为宽11880mm、高10930mm的三心圆马蹄形,断面面积约为105m²。

2) 盾体结构

马蹄形盾构机盾体功能与常规盾构机类似,如图2-6所示。盾体结构具有能够支撑刀盘与驱动的连接座、安装螺旋输送机的连接座、安装人舱的连接座、安装管片拼装机米字梁的连接座及附属结构,除此以外,对马蹄形盾构机盾体还做出了如下诸多针对性设计。

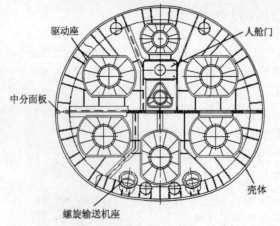

图2-6 前盾结构示意图

(1) 帽檐设计

在前盾切口环端半圆顶部,盾体外侧焊接贴板,在贴板内预留有注浆通道口,如图2-7所示。盾构推进所需要的力必须克服迎面阻力和盾体摩擦阻力,设计帽檐结构,一方面可以增长单向注浆单元寿命,另一方面还可以减小盾体的摩擦阻力,并且可防止减摩剂流入土仓,造成减摩剂浪费。

(2) 环形筋板设计

中盾采用 70mm 厚钢板,而内侧需悬挂较重的主顶液压缸,考虑强度需求,中盾内侧设计环形筋板,如图 2-8 所示。

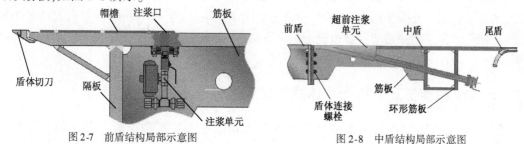

图 2-7　前盾结构局部示意图　　　　图 2-8　中盾结构局部示意图

(3) 超前注浆单元设计

为拓展马蹄形盾构在多种地层中的应用,也为在未知极端地质情况下人员进仓处理异物提供安全保障,盾体外周圈和前盾隔板设计多处超前注浆单元接口,可在需要时连接超前钻机进行预先地层处理,马蹄形盾构超前注浆单元如图 2-9 所示。

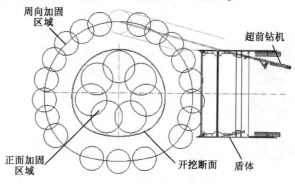

图 2-9　超前注浆单元示意图

(4) 形状保持架设计

尾盾内侧作为管片拼装的空间,无法布置过多筋板,在吊装、运输过程中无法依托与之焊接为一体的前盾作为支撑,也无法依靠正常掘进过程中尾盾油脂压力支撑,其强度相对薄弱。为防止吊装、运输尾盾变形,针对性设计了形状保持架,如图 2-10 所示。

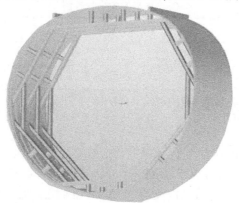

图 2-10　尾盾形状保持架示意图

(5)盾体分块设计

一般结构件大小设计必须要综合考虑机床加工能力、吊装起重能力和运输限制条件等因素,而马蹄形盾构机的尺寸超过10m,前、中、尾盾整体设计已不再可行,必须将盾体采用分块设计,前盾因有隔板支撑采用上下分半,中盾分为上下左右4块,块与块间设置密封并采用螺栓连接;尾盾依靠形状保持架支撑也设计为上下两半,到施工现场进行上下两半组焊后再与中盾焊接。

2.2.2 基于载荷仿真分析的盾体结构优化设计

使用有限元分析的目的是确定马蹄形盾壳体在给定工况对应荷载作用下的变形趋势和变形量、应力分布趋势和应力值,并对其强度、刚度进行校核,对其结构进行优化。前盾是超大断面马蹄形盾构机的核心结构部件,在掘进过程中要承受刀盘传递过来的掘进阻力、来自土仓平衡掌子面的泥土压力、壳体外表面与土体的摩擦力、上部土体对前盾的正压力等。本小节以前盾为例,对盾体结构的优化设计进行详细仿真模拟分析,并对中盾、尾盾仿真分析进行简述。

1)模型建立及网格划分

图2-11 马蹄形盾壳体网格划分

采用Solidworks三维软件对马蹄形盾构机前盾进行建模,并导入有限元仿真软件ANSYS Workbench,为得到接近实际情况的应力分布情况,兼顾计算精度和计算效率,使用20节点四面体Solid195单元,设定单元长度为30mm,单元数量为264.7万个,模型网格离散结构如图2-11所示。简化图纸中倒角、圆角,假定各个焊接板材的焊缝没有缺陷,将螺栓连接法兰面视为固定接触,各类布线管路的通孔皆不考虑。

2)相关材料的参数

前盾的制作材料为Q345B钢,弹性模量 $E=2.06\times10^5\text{MPa}$,泊松比 $=0.3$,密度 $=7800\text{kg/m}^3$,重力加速度 $g=9.8\text{m/s}^2$。Q345B钢板的力学性能见表2-1。

Q345B 钢板的力学性能 表2-1

钢 号	屈服点 $\sigma_b \geq$(MPa)				抗拉强度 σ_b (MPa)	许用应力 σ (MPa)
	≤16	16~35	35~50	50~100		
Q345B	345	325	295	275	470~630	172.5

注:许用应力的确定考虑了2倍的安全系数。

3)荷载施加方式

依据工业性试验项目的工况,参照马蹄形盾构机荷载分布特性,将土体视为连续的线弹性的、各向同性体,初步计算出工业性试验条件下的竖直荷载与轴向荷载。因此,依据上述数据依次对有限元模型加载压力,前盾隔板及切口环施加0.4MPa轴向土压静荷载,所有驱动环施加刀盘反作用力平均荷载为3MPa;上半盾体竖直向下的荷载为0.38MPa,下半盾体竖直向上的荷载为 0.42MPa；由于前盾与中盾通过静密封连接，所以这里将前盾与中盾的连接法兰处进行轴向约束处理。图 2-12 所示为模型的加载方式和边界条件。

4）应力及变形量分布云图

马蹄形盾壳体为 Q345B 钢板焊接组对的大型结构件，根据有限元分析结果，经多次优化盾体筋板大小及布置形式，最终使马蹄形盾壳体所承受应力基本在 166MPa 以下，满足使用要求（图 2-13）。马蹄形前盾盾壳体的最大应力发生在盾体上下壳体的支撑筋板连接处 258.47MPa（图 2-13），且为压应力，后期经过筋板圆角、倒角处理，解决了应力集中问题，使其满足设计要求；壳体变形量最大处发生在盾体箱体后部的中间位置，变形值为 3.07mm（图 2-14），主驱动面板的变形很小，可以满足刀盘的正常运转。故强度和刚度上均能满足设计要求。

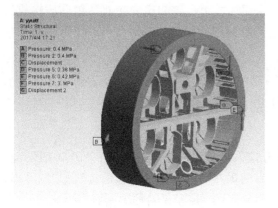

图 2-12　模型的加载方式和边界条件

图 2-13　马蹄形盾壳体应力分布云图

5）中盾、尾盾仿真分析

中盾、尾盾仿真分析同前盾类似，考虑该马蹄形盾构机中盾和尾盾连接为焊接，故采用中盾、尾盾一体的方式进行分析，三维模型导入 ANSYS Workbench 划分网格后，除同前盾施加相似的载荷外，在盾尾刷位置施加环向正压力，油脂压力设置为 0.25MPa，约束中盾前法兰面。尾盾加载方式与边界条件如图 2-15 所示。

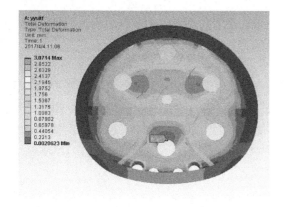

图 2-14　马蹄形盾壳体变形量分布云图

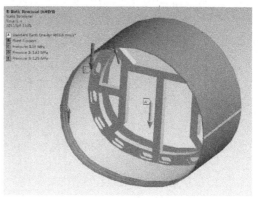

图 2-15　尾盾加载方式与边界条件

通过对中盾、尾盾仿真模拟，找到了其受力结构的薄弱环节，对盾体板材厚度及中盾环形支撑梁结构布置形式进行了反复优化，并于尾盾末端尾刷安装处增加了钢环结构，最终解决了中盾、尾盾部分位置强度和刚度较低，以及局部应力集中的问题。

2.2.3 试验分析

盾构机在开挖过程中，尾盾的变形将直接影响到盾尾间隙的变化，为保证盾尾刷的密封效果、防止隧道渗水或地表沉降、保障隧道施工精度，需对盾体变形进行定期检测。根据人工盾尾间隙测量原理，引入全站仪高性能测量设备，进行多点辐射马蹄形盾体周边的棱镜布置点，采取信号差分采集手段，实现盾体形状自动检测。

超大断面马蹄形盾构机应用于浩吉铁路白城隧道，该项目最大覆土厚度81m，掘进长度为3345m，开挖断面积约105m^2，为迄今世界上最大断面、最长距离的超大断面马蹄形盾构机工程。超大断面马蹄形盾构机顺利完成工业性试验，经验证盾壳体结构刚度、强度、稳定性均在设计控制范围之内，其中变形量小于2mm。

2.3 马蹄形多刀盘联合开挖技术

国内外常规盾构机都是以单刀盘圆形断面开挖为主，但面对马蹄形断面，采用单一圆刀盘很难实现有效开挖，一般采用多刀盘联合开挖。目前国内对超大断面异形盾构机研究相对较少，面对不同工况选择何种形式的刀盘是值得探究的问题。本节结合超大型盾构机的设计，着重研究组合式旋转刀盘的结构特点和开挖原理，并建立相应结构静力学模型及渣土动力学模型进行仿真分析；总结了圆形刀盘与马蹄形刀盘各自的优缺点，以及与工况的适应性。

2.3.1 刀盘开挖形式研究

（1）偏心摆动刀盘

该刀盘形式采用平行双曲柄机构，每个刀盘均随曲轴做围绕回转中心的平面旋转运动，通过多个刀盘的组合及协同工作，完成全断面的覆盖切削，不存在切削盲区，可大大减少盾构机掘进时的顶力，它的转动半径小，驱动所需的扭矩也小，约是圆形刀盘的1/2，但偏心多轴摆动刀盘的刀盘、刀具受力情况不佳，对土体的扰动影响相对较大。

（2）组合式旋转刀盘

组合式旋转刀盘主要依靠前后刀盘错置安装，通过开挖面的相互弥补来尽量减少马蹄形断面区域的开挖盲区。此外，组合式刀盘驱动方式简单可靠，相对于偏心多轴刀盘，圆形刀盘在开挖过程中，刀盘的切削反力可以相互抵消，因此对周围土体的扰动小，搅拌棒对渣土的改良效果更好，地面沉降比较容易控制。

2.3.2 刀盘静力学仿真分析

基于ANSYS Workbench软件中的静力学仿真对偏心多轴式刀盘及组合式旋转刀盘受力

情况进行模拟分析。

相同工况下,两种开挖模式,在切削力及开挖面土压力的作用下,计算两种刀盘的变形量、应力、应变结果如图 2-16、图 2-17 所示。由计算结果可以看出,组合式转刀盘与偏心多轴刀盘相比较,受力情况更好,受力更加均匀,有利于增强设备的平衡性,减小对周围土体的扰动,降低盾体的跳动,有利于设备姿态控制及减小地表沉降。

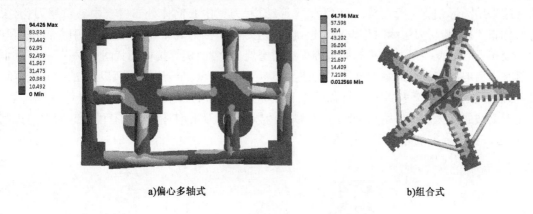

a)偏心多轴式　　　　　　　　　　b)组合式

图 2-16　两种刀盘应力云图

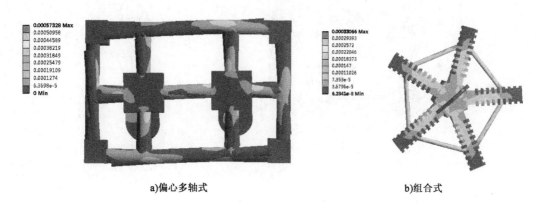

a)偏心多轴式　　　　　　　　　　b)组合式

图 2-17　两种刀盘应变云图

2.3.3　刀盘总体布置

刀盘装置是由 7 个辐条式小刀盘组成的组合式刀盘,7 个辐条式小刀盘的驱动轴之间相互平行,且分布于前后两平面上。所述两种辐条式小刀盘包括两种形式:一种为 6 个 5 刀梁式刀盘,另一种为 1 个 3 刀梁式刀盘;两种刀盘在中心均设置有中心鱼尾刀。所述 5 刀梁式刀盘分为三种型号,包括 3 个大号,2 个中号,1 个小号。组合式刀盘的正面和护盾盾体前端的切口周边方向上设置有切刀或超挖刀。刀盘与主轴通过渐开线花键连接,电动机提供的转矩通过减速机、小齿轮、大齿轮传递给刀盘,刀盘转速可通过变频器双向无级调节。

该种刀盘布置主要有以下优点:

(1)旋转开挖切削扭矩大、搅拌扭矩低,对周围土体扰动小,同时盾体跳动小,有利于盾构

姿态控制及地表沉降控制

(2)结构简单,设备本身制造、加工容易,设备后期的运行可靠性高。

(3)开挖覆盖率高,搅拌盲区小。

刀盘结构是根据白城隧道工程的地质条件进行针对性设计的,刀盘结构如图 2-18 所示。大刀盘、中型刀盘、小刀盘和微型刀盘均为辐条式刀盘,大刀盘、中型刀盘均包括 5 个刀梁,刀梁之间采用圆形钢管进行连接,刀梁为倒梯形结构,刀梁中心筒体处布置有中心鱼尾刀,刀梁上对称布置切刀,切刀边缘对称设置有边刮刀,切刀与边刮刀均采用螺栓安装,中心鱼尾刀与刀梁上布置有改良喷口。刀梁的周边堆焊接耐磨层,刀盘面板焊接格栅状耐磨材料,充分保证刀盘在不良地质掘进时的耐磨性能。所述大刀盘、中型刀盘、小刀盘和微型刀盘的中心位置均设置有改良剂(泡沫或水)注入口,保证改良剂能均匀注入开挖面,提升开挖土体的流塑性。所述刀梁截面均为倒梯形结构,便于渣土顺畅流入土仓,刀梁均对称布置有可拆卸切刀与边刮刀,以适应长距离掘削时换刀与保径需求。

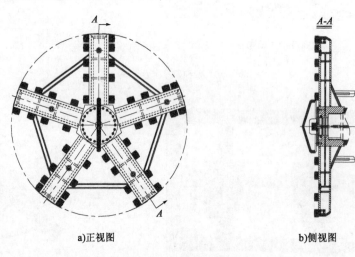

a)正视图　　　　　　　　b)侧视图

图 2-18　刀盘结构示意图

刀盘本体结构的主要特点如下:

(1)刀盘结构主要由中心筒体、5 个辐条式刀梁和连接钢管组成,刀梁全部为箱形结构,刀梁之间用外径 168mm 的钢管进行焊接加强,使其具有足够的刚度和强度来支撑开挖面水土压力和承受掘进中的推力及扭矩,能满足本工程的需要。

(2)刀盘的开口形式利于渣土的流动。合适的刀盘开口率以保证渣土进入土仓的顺畅性,其开口形式为刀梁与刀梁之间只有钢管进行连接,结构形式利于渣土流动,开口率很大,非常利于渣土的流动。大开口率可以使开挖面与刀盘之间的阻碍物减少,土体容易进入土仓,其土仓中的土体密度及压力更接近开挖面的土体密度与压力,便于土仓中土压力的控制。

(3)刀盘与开挖面之间接触面积小,渣土不易堆积在刀盘与开挖面之间。因此,刀盘不容易产生"泥饼"堵塞现象,减轻了刀盘与刀具的磨损,并且能降低刀盘的切削扭矩。

(4)刀梁断面为箱形结构,外形为梯形,更有利于渣土向土仓内流动。

(5)耐磨设计:刀梁的周边堆焊有耐磨层,耐磨焊条采用 DIN8555:MSG6-60GZ,刀盘面板焊接格栅状耐磨材料,充分保证刀盘在不良地质掘进时的耐磨性能。

(6)刀盘上合理配置有足够数量添加剂(泡沫或水)注入口,保证添加剂能均匀地注入开挖面,改善开挖土的流塑性。

2.3.4 掌子面流场仿真分析

在软土地层中,刀盘的不同布置形式对地层开挖、土体扰动、渣土流动等都有重要影响。现利用 Fluent 软件进行流场仿真分析。

图 2-19 和图 2-20 分别为旋转刀盘在马蹄形某截面的土仓内土体速度和绝对压力的仿真计算结果。从图 2-19 速度分布图中可以看出,刀盘主要影响自己旋转的区域,对周围土体影响较小;而在两个刀盘交接地方土体相互交融,均匀混合,但是盲区部分还是扰动较小,盲区土体有效开挖和搅拌尤为重要。从图 2-20 绝对压力分布图来看,旋转刀盘对土体压力影响微乎其微。

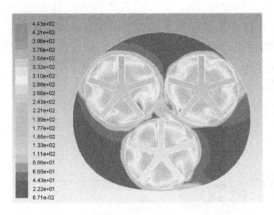
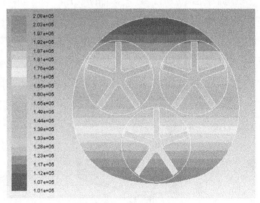

图 2-19　掘进方向(Z 向)马蹄形某截面的速度分布　　图 2-20　掘进方向(Z 向)马蹄形某截面的绝对压力分布

利用该方法对马蹄形断面刀盘布置形式进行流场分析,得到对土体扰动最小,渣土流动更畅,有利于稳定土仓压力和控制地表沉降的刀盘设计方案。结合上面的分析,马蹄形组合旋转刀盘方案是软土地层中的最佳设计方案。

2.3.5 刀盘辅助结构设计

(1)盲区处理

组合式旋转多刀盘的开挖特性决定着开挖盲区的存在性,在开挖盲区的位置、搅拌作用较弱的位置,通过布置高压水冲刷及改良孔,对盲区进行渣土处理,同时盾体周边通过布置盾体切刀(图 2-21),保证开挖断面尺寸。

(2)搅拌器的设计

搅拌器(图 2-22)位于底部中心大刀盘后侧左右区域,用以增强螺旋输送机出渣口区域土体的流动性能。搅拌器采用液压驱动方式,叶片与驱动主轴用平键连接,可保证搅拌器具有足够的搅拌扭矩,并保证在隧道底部积水的情况下设备能正常运行。

图 2-21 盾体切刀设计

图 2-22 液压驱动搅拌器

(3)添加剂注入口及其防堵、清洗设计

刀盘中心设置了1个添加剂注入口(图2-23),每根辐条上设置了1个添加剂注入口,通过注入口往刀盘前面注入相应的添加剂以保证渣土搅拌改良效果,并利于减少刀具磨损。添加剂注入口设计时考虑了防堵和清理管路的需求,在刀梁背部设计了专门的疏通和清洗管路机构,操作简单易行。盲区铰接处理接头,可绕垂直于土仓隔板轴线方向20°范围内活动,通过连接风钻万向接头或高压水,对开挖盲区钻削或改良处理。

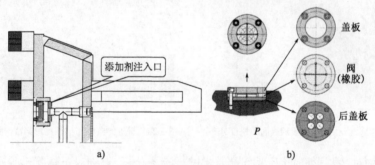

图 2-23 添加剂注入口

超大断面马蹄形盾构机采用的刀盘是根据白城隧道的工程地质作针对性设计的。对刀盘结构进行了优化设计,保证了刀盘开口尺寸,有利于实际掘进时的土压平衡,对搅拌的充分性进行了考虑,并预留了防堵塞措施,提高了刀盘的适用性。

2.4 紧凑型刀盘驱动设计与联合控制

2.4.1 主驱动设计的重难点

(1)布置空间受限,对驱动尺寸要求严格。

不同于常规的圆形盾构单刀盘驱动,该项目开挖断面为马蹄形变曲率形状,为了实现高开挖覆盖率,采用不同直径多刀盘前后错置联合开挖,布置了9组刀盘驱动,受到整体布置空间的限制,对驱动的尺寸空间提出了很严格的要求。

(2) 高扭矩设计。

为适应砂质黄土、粉砂、细砂地质,主驱动需要具有较高扭矩,同时还要满足小空间布置,驱动结构的紧凑及传动系统的效率是急需解决的问题。

(3) 不同直径多刀盘变频控制技术。

该项目由9组驱动(41台变频电机)需要组合成不同的刀盘控制模式,对变频控制提出了新的要求,同时对多刀盘联合开挖,不同直径刀盘的转速与开挖效率关系进行设计,提升不同刀盘掘进效率匹配性。

大断面马蹄形掘进机选用组合式旋转刀盘,因此对应的刀盘驱动必须要求大扭矩、小空间布置,为此针对性地设计了紧凑型刀盘驱动,并对多刀盘驱动的"一拖多"联合控制进行了仿真。

2.4.2 刀盘驱动主要结构设计

由于超大断面马蹄形掘进机有多个驱动(图2-24),其空间比较紧凑,需要预留人孔、螺旋输送机、铰接液压缸支撑等空间。而每个驱动都需要较大的刀盘扭矩,在相同轴径条件下,中心轴式能传递的扭矩更大,即在额定的扭矩下,中心轴式的轴径可以更小,从而节省空间。因此超大断面马蹄形盾构机采用中心轴驱动方式。

中心轴传动方式的结构特点为:主驱动的中心为一根驱动主轴,驱动主轴由多个滑动轴承或滚动轴承进行支撑,主轴通过花键或者平键与刀盘进行连接,轴上具有一系列轴系零件,如齿轮结构、密封、紧固螺母等,一般通过多个小齿轮共同驱动大齿轮进行扭矩传递。其优点为占用空间小、传动平稳、传递扭矩较大等。

通过对刀盘扭矩、转速、受力分析等参数计算,确认刀盘扭矩曲线、减速机的减速比、调速范围及电机基频等参数,对主轴承、减速机及变频电机的总体方案进行设计。

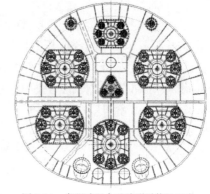

图2-24 多驱动组合马蹄形盾构机刀盘

主驱动按照动力来源分为电机驱动和液压驱动。紧凑型刀盘对驱动空间要求较高,因此选用安装空间较小的变频电机驱动方式,且多电机驱动方式具有调速灵活、效率高等优点,适用于超大断面马蹄形盾构机的组合式旋转刀盘。

中心轴主驱动采用滑动轴承加滚动轴承或滚动轴承组合等形式,驱动主轴轴承组合由2个或1个双列圆柱滚子轴承、1个推力调心滚子轴承、1个圆锥滚子轴承组成。其中双列圆柱滚子轴承和圆锥滚子轴承来承受径向力,推力调心滚子轴承承受刀盘传递过来的轴向力,圆锥滚子轴承可以承受反向的轴向力。根据作用在刀盘上的载荷、刀具切土所需刀盘转速、刀盘外径大小、刀盘驱动装置的参数等因素初步选取主轴承的主要结构尺寸系数作为设计计算的基础。主要结构尺寸系数包括轴承的外径、轴承的内径、轴承的额定动载荷、额定静载荷等的尺寸系数。

由于驱动主轴在刀盘转动过程中处于旋转运动状态,因此渣土改良用的泡沫、膨润土或水需通过回转接头连接到主轴内,从而送到刀盘前面的喷口。马蹄形土压平衡盾构机的回转接头结构设计形式如图 2-25 所示,主要分为回转部分(转子)及固定部分(定子),定子通过法兰连接在主驱动的驱动箱上固定或者通过限位卡块限制其转动,转子则通过螺栓连接在驱动主轴上与主轴一起转动。

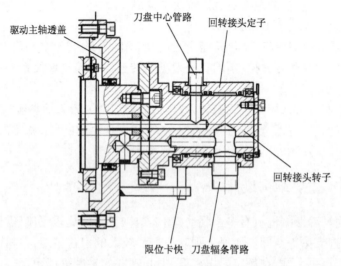

图 2-25 回转接头示意图

主轴密封系统包括三道多唇形密封、三道格莱圈密封、O 形圈密封及前部的迷宫密封,如图 2-26 所示。其中第一道与第二道、第二道与第三道唇形密封之间的空腔为油脂润滑密封腔,注入 0-1 号极压锂基脂,对密封唇口进行润滑同时起到一定的密封作用。第三道唇形密封与最后一道格莱圈之间的空腔为油脂检测腔,外部连接有透明管,可通过观察透明管中是否存在油脂或者齿轮油来判断密封是否完好。

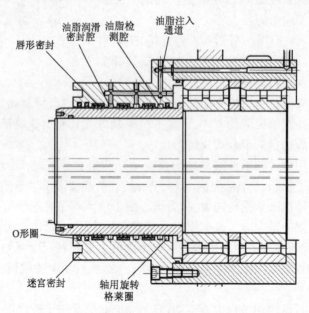

图 2-26 主轴承密封系统结构示意图

2.4.3 刀盘驱动的模块化设计

驱动的设计依据主要为刀盘直径、扭矩系数等参数,因此在软土紧凑型驱动设计过程中,可以对不同系列的开挖刀盘尺寸进行驱动模块化设计,即刀盘驱动的模块系列化,根据不同的开挖断面,设计不同的刀盘直径及刀盘组合方式,在相同或相近尺寸的刀盘驱动进行模块化调用,使设计过程更加简单化、规范化。

2.4.4 刀盘驱动联合控制

采用物理仿真方法,结合现有的盾构控制系统检测试验台,建立小型变频驱动控制系统模拟试验平台,在掌握盾构控制原理与控制流程的基础上,开发出自己的变频控制系统,并在模拟试验平台上进行实验;制定合理的变频器控制参数,设计出满足功能要求并且安全可靠的可编程逻辑控制器(PLC)程序,根据功能要求开发相应的人机界面与软、硬件系统,设计满足各项功能要求的配电柜等硬件设备。在此基础上,研究了"一拖多"控制方式下各台电机在速度同步条件下的扭矩平衡问题,"一拖多"驱动同一负载时单台电机的状态监测和可靠保护问题,大功率、多负载环境下总线网络的通信干扰、可靠性问题等,开发出多刀盘联合控制的"一拖多"变频驱动系统,其电气控制原理如图 2-27 所示。

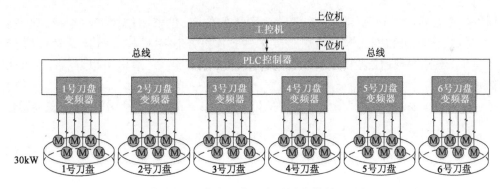

图 2-27 "一拖多"变频驱动系统电气控制原理图

2.4.5 试验分析

在工厂调试阶段,通过对变频器参数的多次反复的整定测试,一方面达到了在刀盘启动阶段所需较大扭矩的要求,另一方面解决了主机功率大、负载大、变频器较多对通信造成的干扰问题。

通过对刀盘驱动的受力计算和传动计算分析,结合润滑、冷却、密封、控制和监控等要求,完成了刀盘驱动系统的集成技术。

2.5 马蹄形多曲率管片拼装机设计

在城市隧道中人行地下通道、电缆沟、综合管道等市政隧道工程中,异形断面较圆形断面更为经济。但与圆形盾构机拼装技术相比较而言，大尺寸的异形断面盾构机由于技术难度更大，目前国内外发展都较缓慢。国外如日本三菱重工和川崎重工等有较早的设计研究。我国也有一些企业与高校等科研机构对全断面盾构机的拼装技术开发进行了探索，并取得了相应的一些成果，但与国外相比，尚存在一定差距。因此，国内企业对异形断面盾构管片拼装机技术的突破势在必行，是盾构施工技术发展的必然趋势。

异形管片拼装机设计是异形隧道掘进机的设计重点和难点，由于异形断面没有圆形断面的中心对称优势，导致每个分块管片内表面曲率大小不一、被抓举管片形状各异运动轨迹多样、重心易偏置、重量大等特点，从而使管片安装时微调工作量很大、管片错位搭接现象多，且楔形块在最后拼装时周向压紧力不易传导等诸多难题（图2-28）。

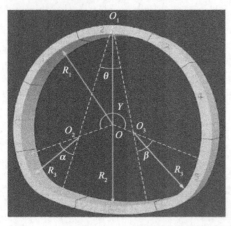

图2-28 马蹄形隧道管片拼装

2.5.1 异形多曲率管片拼装运动学分析

（1）位置矢量

刚体参考点的位置和刚体的姿态统称为刚体的位姿，位姿的描述方法很多，如齐次变换法、旋量法、矢量法和四元数法等。主要采用齐次变换法对机构进行运动学分析，因为它能将运动、坐标变换、位置和速度映射与矩阵运算联系起来，这样可以对接下来的仿真分析提供方便。

对于直角坐标系$\{A\}$，空间中任意点P的位置可用3×1的列向量^{A}P（位置矢量）描述：

$$^{A}P = \begin{bmatrix} P_x \\ P_y \\ P_z \end{bmatrix} \tag{2-1}$$

式中，P_x, P_y, P_z是点P在坐标系中的3个坐标分量。上标A代表参考坐标系$\{A\}$。空间中某点的位置除了用直角坐标系描述外，也可采用圆柱坐标系或球（极）坐标系来进行描述。

（2）方位描述

为了描述空间中刚体的方位，再设一坐标系B固接在该刚体上。用坐标系$\{B\}$的3个单位主矢量x_B, y_B, z_B相对于坐标系$\{A\}$的方向余弦组成3×3的矩阵。

$$^{A}_{B}R = \begin{bmatrix} ^{A}x_B & ^{A}y_B & ^{A}z_B \end{bmatrix} \tag{2-2}$$

或

$$^{A}_{B}R = \begin{bmatrix} r_{11} & r_{12} & r_{13} \\ r_{21} & r_{22} & r_{23} \\ r_{31} & r_{32} & r_{33} \end{bmatrix} \tag{2-3}$$

来表示刚体B相对于坐标系$\{A\}$的方位。$^{A}_{B}R$称为旋转矩阵。绕X轴、Y轴、Z轴旋转角的旋转矩阵分别为：

$$R(x,\theta) = \begin{bmatrix} 1 & 0 & 0 \\ 0 & \cos\theta & -\sin\theta \\ 0 & \sin\theta & \cos\theta \end{bmatrix} \qquad (2\text{-}4)$$

$$R(y,\theta) = \begin{bmatrix} \cos\theta & 0 & \sin\theta \\ 0 & 1 & 0 \\ -\sin\theta & 0 & \cos\theta \end{bmatrix} \qquad (2\text{-}5)$$

$$R(z,\theta) = \begin{bmatrix} \cos\theta & -\sin\theta & 0 \\ \sin\theta & \cos\theta & 0 \\ 0 & 0 & 1 \end{bmatrix} \qquad (2\text{-}6)$$

(3) 位姿描述

通常将刚体 B 与某一坐标系 $\{B\}$ 相固接,主要是为了完全描述刚体 B 在空间的位姿(位置和姿态)。一般将物体 B 的质心或几何中心等特征点选作坐标系 $\{B\}$ 的坐标原点。相对参考系 $\{A\}$,坐标系 $\{B\}$ 的原点位置用位置矢量 $^A P_{BO}$ 来描述,坐标系 $\{B\}$ 的坐标轴的方位用旋转矩阵 $^A_B R$ 来描述。所以,刚体 B 的位姿可由坐标系 $\{B\}$ 来描述。

2.5.2 拼装机的运动学建模

一般情况,坐标系 $\{B\}$ 的原点与 $\{A\}$ 的既不重合,也不相同。用矢量 $^A P_{BO}$ 描述 $\{B\}$ 的原点相对于 $\{A\}$ 的位置;用旋转矩阵 $^A_B R$ 描述 $\{B\}$ 的相对于 $\{A\}$ 的方位。任一点 p 在两坐标系中的描述 $^A P$ 和 $^B P$ 具有以下变换关系:

$$^A P = {}^A_B R\, {}^B P + {}^A P_{BO} \qquad (2\text{-}7)$$

上式对于 $^B P$ 而言是非齐次的,通过矩阵变换可以将其表示成等价的齐次形式:

$$\begin{bmatrix} ^A P \\ 1 \end{bmatrix} = \begin{bmatrix} ^A_B R & ^A P_{BO} \\ 0 & 1 \end{bmatrix} \begin{bmatrix} ^B P \\ 1 \end{bmatrix} \qquad (2\text{-}8)$$

式中,4×1 的列向量表示三维空间的点,称为点的齐次坐标。式(2-8)可以写成矩阵形式:

$$^A P = {}^A_B T\, {}^B P \qquad (2\text{-}9)$$

式中,齐次变换矩阵 $^A_B T$ 是 4×4 的方阵,具有形式:

$${}^A_B T = \begin{bmatrix} ^A_B R & ^A P_{BO} \\ 0 & 1 \end{bmatrix} \qquad (2\text{-}10)$$

串联机构由回转机构、提升机构、平移机构和微调机构组成。分别设定各串联机构的坐标系 $O_0 - X_0 Y_0 Z_0, O_1 - X_1 Y_1 Z_1, O_2 - X_2 Y_2 Z_2$。其中基础坐标设为 $O_0 - X_0 Y_0 Z_0, O_0 - X_0 Y_0 Z_0$ 与 $O_1 - X_1 Y_1 Z_1$ 两坐标系的原点重合,原点位于回转机构中心,如图2-29所示。根据公式(2-5)和公式(2-8)可得串联机构的齐次变换矩阵如下:

$$A_1 = {}^0 T_1 = \begin{bmatrix} c\theta_1 & -s\theta_1 & 0 & 0 \\ s\theta_1 & c\theta_1 & 0 & 0 \\ 0 & 0 & 0 & 0 \\ 0 & 0 & 0 & 1 \end{bmatrix} \qquad (2\text{-}11)$$

$$A_2 = {}^1T_2 = \begin{bmatrix} 1 & 0 & 0 & d_2 + v_{21}t \\ 0 & 1 & 0 & 0 \\ 0 & 0 & 1 & d \\ 0 & 0 & 0 & 1 \end{bmatrix} \quad (2\text{-}12)$$

$$A_3 = {}^2T_3 = \begin{bmatrix} 0 & 0 & -1 & -d_{3z} \\ 0 & -1 & 0 & 0 \\ d_{3x} - v_{32}t & 0 & 0 & 0 \\ 0 & 0 & 0 & 1 \end{bmatrix} \quad (2\text{-}13)$$

式中，θ_1 为变量，表示回转体绕 Z_0 或 Z_1 轴的回转角度；d_2 为常量，表示 $t=0$ 时平面到 Y_2-Z_2 平面间的垂直距离，v_{21} 表示部件（提升机构）对于部件1（回转机构）的移动速度（沿 X_1 或 X_2 轴）；$v_{21}t$ 表示平移机构沿轴 X_2 或 X_1 轴方向的运动量；d 为常量，表示 X_1-Y_1 平面到 X_2-Y_2 平面的垂直距离；d_{3z} 为常量，表示 Y_2-Z_2 平面与 X_3-Y_3 平面的垂直距离；v_{32} 为变量，表示部件3（平移机构）相对于部件2（提升机构）的移动速度；$v_{32}t$ 表示平移机构沿轴 Z_2 或 X_3 方向的运动量；d_{3x} 表示初始态时，X_2-Y_2 平面与 Y_3-Z_3 平面间的垂直距离。

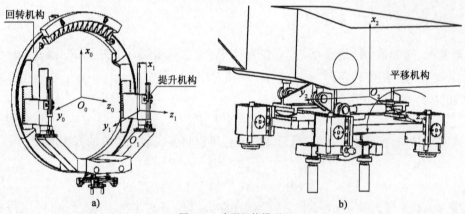

图2-29 串联机构模型

各部分变换矩阵相乘，得到串联部分的姿态变换矩阵：

$$T_3 = A_1 A_2 A_3 = {}^0T_1 {}^1T_2 {}^2T_3 = \begin{bmatrix} 0 & s\theta_1 & -c\theta_1 & (d_2 + v_{21}t - d_{3z})c\theta_1 \\ 0 & -c\theta_1 & s\theta_2 & (d_2 + v_{21}t - d_{3z})s\theta_1 \\ d_{3x} - v_{32}t & 0 & 0 & d \\ 0 & 0 & 0 & 1 \end{bmatrix} \quad (2\text{-}14)$$

设参考点速度为 V：

$$V = \begin{bmatrix} v \\ w \end{bmatrix} = J\dot{q} \quad (2\text{-}15)$$

其中，$J = \begin{bmatrix} J_{l1} & J_{l1} & J_{l1} \\ J_{a1} & J_{a2} & J_{a3} \end{bmatrix}$，$\dot{q}$ 为关节速度。

对于转动关节 i：

$$J_{li} = \begin{bmatrix} (p \times n)_z \\ (p \times o)_z \\ (p \times a)_z \end{bmatrix}, J_{ai} = \begin{bmatrix} n_z \\ o_z \\ a_z \end{bmatrix} \tag{2-16}$$

对于移动关节 i：

$$J_{li} = \begin{bmatrix} n_z \\ o_z \\ a_z \end{bmatrix}, J_{ai} = \begin{bmatrix} 0 \\ 0 \\ 0 \end{bmatrix} \tag{2-17}$$

所以得到串联机构各部分的雅可比矩阵：

$$J_1 = {}^0T_3 = \begin{bmatrix} 0 \\ 1 \\ 0 \\ 0 \\ 0 \\ 1 \end{bmatrix}, J_2 = {}^1T_3 = \begin{bmatrix} 0 \\ 0 \\ 1 \\ 0 \\ 0 \\ 0 \end{bmatrix}, J_3 = {}^2T_3 = \begin{bmatrix} 0 \\ 0 \\ 1 \\ 0 \\ 0 \\ 0 \end{bmatrix} \tag{2-18}$$

得到串联机构的 Jacobian 矩阵：

$$J = \begin{bmatrix} J_1 & J_2 & J_3 \end{bmatrix} = \begin{bmatrix} 0 & 0 & 0 \\ 1 & 0 & 0 \\ 0 & 1 & 1 \\ 0 & 0 & 0 \\ 0 & 0 & 0 \\ 1 & 0 & 0 \end{bmatrix} \tag{2-19}$$

根据雅克比矩阵，可以获得串联机构的位姿相关信息，它包含了诸如精度、灵敏度和可操作度等重要的信息，从而可以更好地实现位姿的纠偏。

2.5.3　拼装机结构设计

1) 功能要求

(1) 管片拼装机能完成锁紧、升降、平移、回转、仰俯、横摇和偏转 7 种动作。

(2) 管片拼装机有足够的回转力矩和平移力。

(3) 回转机构应具备常闭制动功能。

(4) 重要部位的元器件应选用性价比较高的知名品牌。

(5) 在设计中要考虑对污染、泄漏、噪声的控制措施。

2) 拼装顺序

管片的拼装从最下部管片开始，交替从左右侧往上拼。

3) 可靠性要求

(1) 与液压系统、电控系统配合，实现以下保护。

(2) 确保回转架转角不超限。

(3) 超压保护。

(4)确保回转架停车制动可靠。
(5)管片扣紧状态检测采用压力和位置双重检测。
(6)回转机构的马达均要配置制动器。
(7)管片机设无线遥控装置。

4)结构设计

(1)主梁系统

主梁系统为悬臂结构。主梁后部通过连接螺栓固定于回转架上。前部为伸缩导向柱的伸缩套筒机构。为尽量降低伸缩动作的摩擦阻力,伸缩套筒的上下端分别设置有自润滑轴承(如铜套),如图2-30所示。主梁为箱形结构,左右主梁上分别布置有蓄能器、液压阀块、液压油箱等元件,如图2-31所示。

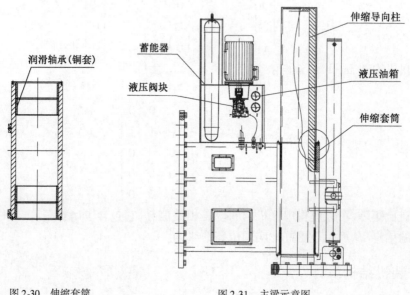

图2-30 伸缩套筒　　图2-31 主梁示意图

(2)伸缩导向柱

伸缩导向柱为拼装机伸缩动作中的主要受力机构。拼装机抓举头和连接梁在导向柱的导向作用下做伸缩运动。

为减小伸缩动作的摩擦力,并减少生锈,伸缩导向柱外表面需要精磨处理,并对外表面进行镀铬,以保证导向柱外表面硬度。伸缩导向柱如图2-32所示。

(3)回转架系统

回转架结构为圆形结构,其两侧布置有连接左右主梁的螺栓孔如图2-33、图2-34所示。由于管片较重,带载运转时偏载较大,在回转架上部布置了平衡负载的配重块。回转架外圆与支重轮相对滚动,带动主梁与连接梁、抓举头等做旋转运动。回转架背部设置了电缆槽。

回转架直径为7826mm,为方便回转架运输,对回转架做了分块处理:整体斜向分为两块,两块之间通过螺栓与定位销连接。

图 2-32 伸缩导向柱

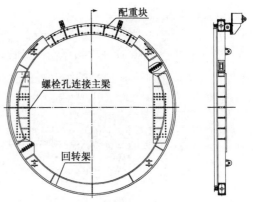

图 2-33 回转架系统组成示意图

图 2-34 回转架实物

（4）连接梁系统

连接梁系统与两侧导向柱相连，下侧连接移动架总成。连接梁由两侧连接臂与下部框形结构组成。移动架在连接梁框形结构中做前后平移动作。结构组成如图 2-35、图 2-36 所示。

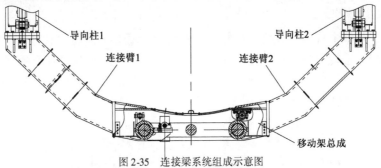

图 2-35 连接梁系统组成示意图

图 2-36 连接梁实物

(5) 移动架系统

移动架布置于连接梁下部框形结构中，做前后平移动作。移动架两侧为前后平移导向柱套筒。为了减小移动阻力，每个套筒内分别在前后端布置有两个自润滑轴承。移动架中间布置有抓举头摆动销轴。两抓举头摆动液压缸筒体安装于移动架左侧，如图 2-37 所示。

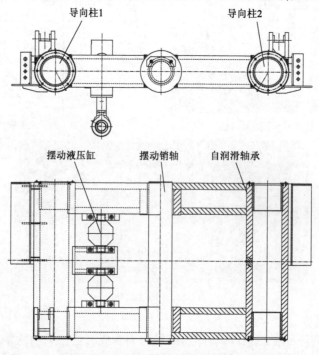

图 2-37　移动架系统组成示意图

(6) 抓举头系统

抓举头系统是整个管片拼装机中最复杂也是自由度最多的系统。管片在抓举头的抓举下可以做摆动、俯仰、扭转等多个自由度运动，如图 2-38 所示。抓举头系统大致为十字销轴结构连接。销轴 1 在摆动液压缸的作用下可以做摆动动作；销轴 2 在俯仰液压缸的作用下做前后方向的俯仰动作；旋转室在扭转液压缸的作用下做水平扭转动作。每个方向销轴均设置有自润滑轴承，以尽可能减小各动作的摩擦阻力。

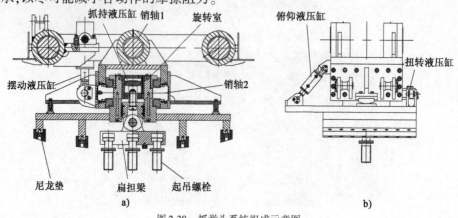

图 2-38　抓举头系统组成示意图

管片通过起吊螺栓的连接,挂到扁担梁上。抓持液压缸的伸缩带动扁担梁的伸缩,从而实现抓取、松开管片的工序。

(7) 旋转编码器系统

编码器对拼装机回转机构旋转过程中的位置进行实时监控,经控制中心处理后可以得出拼装的位置状态。系统组成如图 2-39 所示。

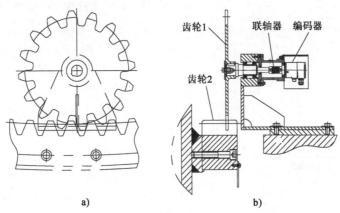

图 2-39　旋转编码器系统组成示意图

(8) 动力系统

拼装机动力系统由减速机和液压马达组成,如图 2-40 所示。液压马达输出通过减速机减速,传递到回转架大齿圈,驱动大齿圈旋转。拼装机减速机座安装于中盾米字梁的上部。

(9) 支重轮系统

支重轮系统由沿整圈圆周分布的支重轮组成,支重轮系统对回转架进行支撑,回转架能够在支撑轮支撑区域自由旋转,如图 2-41 所示。

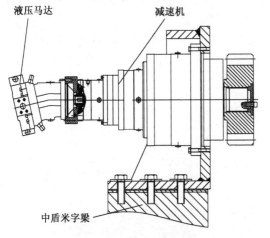

图 2-40　动力系统组成示意图

图 2-41　支重轮系统实物

2.5.4　管片拼装机液压控制系统

盾构管片拼装机主要由四部分组成:回转机构、提升机构、平移机构和微调机构。管片拼装机的液压系统设计分为周向运动液压控制系统、径向移动液压控制系统、轴向移动液压控制系统和微调机构液压控制系统四部分。其中,微调机构液压控制系统包括抓取机构的翻转、摆动及俯仰3个方向的姿态控制。

自主研制的7个自由度管片拼装机采用液压环式结构,由平移机构、回转机构、举升机构、连接梁等组成,能实现锁紧、平移、回转、升降、仰俯、横摇和偏转7种动作,且具有足够的回转矩和平移力,回转机构具备常闭制动功能。除锁紧动作外的其余6种动作与管片的6个自由度相对应,实现了管片拼装的移动、对中、就位、拼装的自动化。并针对管片拼装过程中操作的快速性和精确定位之间的矛盾,开发了一种高速和精确定位相结合的管片拼装柔性电液控制系统,从而提高了管片的拼装质量和拼装速度。图2-42为管片拼装控制原理。

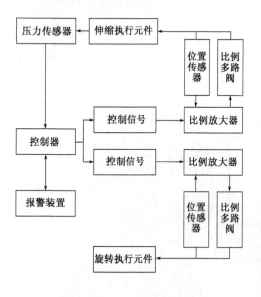

图2-42 管片拼装控制原理图

管片拼装机在做旋转运动过程中,负载随着拼装机的旋转角度变化而发生驱动扭矩变化,属于变负载运动,其拼装管片过程中的执行部件动作既需要快速响应,又需要微调对准,因此,对管片拼装机提出柔性控制技术,避免操作过程中的鲁棒性造成的危害。

(1)管片拼装机的旋转动作采用平衡负载技术,给管片机增加负向负载,使旋转动作平稳,同时,比例调速控制让拼装机旋转无级调速,压差补偿让拼装机在旋转过程中速度不受负载变化而发生变化,实现柔性控制。

(2)通过PLC控制放大器输出PWM(脉宽调制)信号给比例阀,精确控制拼装机的拼装动作,使操作安全可靠。

(3)电液集成控制系统中输入为斜坡信号,系统留有充裕的响应时间,避免了误操作,提高了系统的鲁棒性。图2-43为异形多曲率管片拼装机的实际应用,图2-44为异形多曲率管片成型隧道。

图2-43 异形多曲率管片拼装机实际应用

图2-44 异形多曲率管片成型隧道

2.6 马蹄形盾构机电液控制系统集成技术

2.6.1 顶推系统控制理论

马蹄形盾构机推进时受到的阻力是沿着圆周非均匀分布的,并且呈左右两边对称,上下等间距分布。推进液压系统采用 44 根推进液压缸,总推进力为 140800kN。推进液压缸圆周方向分成 6 个分区,液压缸为双缸布置,共 22 个小组。根据类似工程案例,黄土地层掘进速度为 40mm/min(拟最大推进速度为 60mm/min)则每天掘进 8 环,进尺为 12m,每月施工按 25d 考虑,则每月进尺为 300m,考虑施工组织因素按 70% 计算,每月进尺为 210m。

推进液压缸布置如图 2-45 所示。

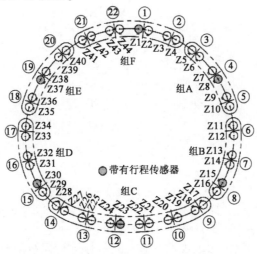

图 2-45 超大断面马蹄形盾构机推进液压缸布置图

推进液压缸进行分区操作,每组液压缸均能单独控制压力。盾构处于水平线路掘进时,应使盾构保持稍向上的掘进姿态,以纠正盾构因自重而产生的低头现象,因此盾构下区(图中 C 组)的推进液压缸数量应多于上区(图中 F 组)液压缸数量。通过调整每组液压缸的不同推进速度、每组压力来对盾构进行纠偏和转向;在 A、B、C、D、E、F 组推进液压缸中,每组各有 1 根液压缸上安装了行程传感器,通过该液压缸的位移传感器可以知道该组液压缸的伸出长度和盾构的掘进状态。

2.6.2 顶推系统液压原理设计

1) 推进系统动力单元

图 2-46 所示为推进系统动力单元系统液压原理图。以力士乐变量柱塞泵为主体,选择与其匹配的比例换向阀和比例溢流阀,组成流量及压力可无级调节的油源系统,以满足推进系统的压力及流量复合控制要求。通过改变液压泵的控制阻尼参数,缩短液压泵的响应时间,提升载荷顺应性。在掘进过程中,通过推进液压缸的内置位移传感器测得的速度,如果与之前给定

的信号有偏差,则把偏差信号反馈给泵,通过泵的调节使推进液压缸的推进速度与给定的信号相匹配,进而使设备按照给定的信号进行掘进。同时可通过比例溢流阀远程设置压力切断值。泵的排量与输入的控制电流成正比例关系,但当系统压力超过设定值时,压力切断阀工作,泵排量回摆至最小,对系统进行压力保护。

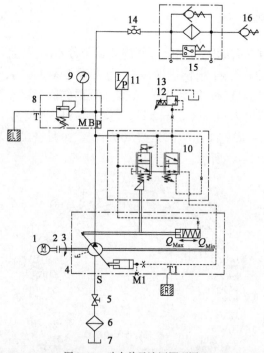

图 2-46 动力单元液压原理图

1-电机;2-联轴器;3-钟形罩;4-液压泵;5-吸油蝶阀;6-吸油滤芯;7-液压油箱;8-安全阀;9-耐振压力表;10-比例换向阀组;
11-压力传感器;12-比例溢流阀;13-放大器;14-球阀;15-高压过滤器;16-单向阀

在掘进模式下,系统的流量通过放大器输入的信号进行无级调节;拼装模式下,通过放大器输入最大值,使泵处于全排量,液压缸快速伸缩,提高管片的拼装效率。比例溢流阀(12)控制系统泵控单元的压力,在掘进模式下,负载压力与比例溢流阀(12)、压力传感器(11)之间形成压力闭环控制,保证系统压力无极可调;拼装模式下,通过放大器给予固定值确保在拼装模式下管片不会后退。安全阀(8)为系统的二级压力保护,当泵本身的压力切断阀不起作用时,通过安全阀限定系统压力,防止高压对系统造成伤害。高压过滤器(15)、吸油滤芯(6)为系统的油液过滤,防止污染物进入系统。单向阀(16)防止高压油倒流对泵造成冲击。

2) 顶推换向单元

换向控制单元主要控制推进液压缸的伸缩和停止保压功能。在推进模式下,换向阀的右位工作,通过泵控制推进液压缸的速度,液压缸慢速顶推;在拼装模式下,通过换向阀控制液压缸的伸缩拼装管片。

2.6.3 顶推控制系统设计

为了使马蹄形盾构机推进过程中响应迅速,姿态控制精度高,能耗低;同时提高土仓压力的控制精度,减少系统的超调。单纯的压力控制系统或速度控制系统无法满足推进与节能的要求。对系统综合应用了基于压力、流量的变量泵、推进液压缸复合控制方式,在压力流量复合控制器中采用了在线自调整模糊 PID 控制[又称"比例(Proportion)—积分(Integrol)—微分(Derivotive)控制",由于其鲁棒性好、可靠性高,广泛应用于工业过程控制中],提高顶推系统的响应性和载荷顺应性,开挖仓出现压力波动时,顶推系统能够快速响应。

考虑到系统属于大功率应用,为避免压力、能量损失,实现泵与负载间的功率匹配以实现节能的目的。采用内环电磁阀位置检测反馈,外环压力、流量检测反馈的双闭环电液比例控制方法,其系统控制原理如图 2-47 所示。

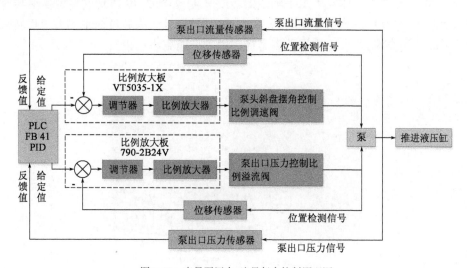

图 2-47 变量泵压力、流量复合控制原理图

PID 控制程序流程如图 2-48 所示。

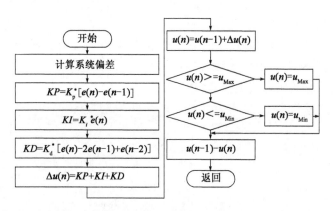

图 2-48 PID 控制程序流程图

顶推系统采用电比例变量泵—推进液压缸压力流量双闭环的控制模型,系统中带有速度反馈和位置反馈,以达到精确控制的目的。其中推进液压缸的压力信号反馈给比例溢流阀、液压缸的位移信号进行微分处理,从而实现位移和速度的转化,再把速度信号反馈给电比例轴向柱塞泵,达到对顶推系统的压力和流量同时进行控制的目的,保证系统的正常运行。

2.7 马蹄形盾构机姿态控制针对性设计

2.7.1 技术难点

常规圆形盾构机在发生滚转时,不会对隧道成型质量造成影响,通过刀盘的反转即可进行校正。而对于马蹄形盾构机来说,由于隧道非中心对称,在其推进的过程中,土压的不均匀及地质的变化,很容易造成盾体发生水平轴线偏转或滚转,如图2-49所示。在发生滚转时,会导致隧道形状改变,故管片拼装精度要求高、姿态控制严格;且无法通过简单的刀盘反转来校正,需要多种手段共同作用,要求盾构机的姿态控制做到微偏离小纠正。

图2-49 盾体滚转示意图

2.7.2 滚转纠偏措施

(1)刀盘正反转纠偏

盾壳上设计有水平倾角传感器,实时监测其滚转姿态,并设有预报警系统,每个刀盘的旋转速度及方向都可调,从而实现盾体滚转纠偏,如图2-50所示。可通过螺旋输送机无级调节转速,当控制土仓左、右的压力实现辅助纠偏。

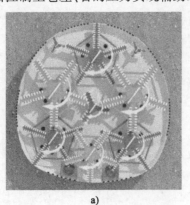
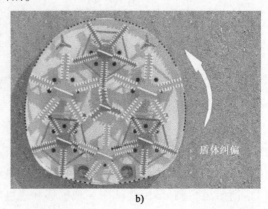

图2-50 刀盘正反转盾体纠偏示意图

(2) 压浆纠偏

在前盾周圈预留有压浆口,进行压浆纠偏,如图 2-51 所示。

(3) 配重块纠偏

通过盾壳内加装配重块的形式进行纠偏,如图 2-52 所示。

图 2-51　打土泵纠偏示意图

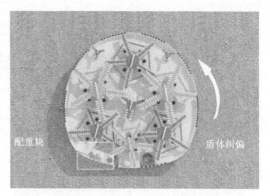

图 2-52　配重块纠偏示意图

2.8　螺旋输送机制作技术

螺旋输送机主要是由固定筒节、观察窗、出渣节、螺旋轴、驱动总成等组成,如图 2-53 所示。各节之间是通过止口定位和法兰连接。在各节法兰加工时,要点是以各节筒体为基准找正,这样才能使整体装配后的椭圆度达到最小。

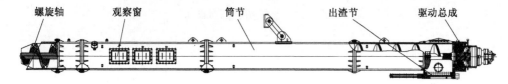

图 2-53　螺旋输送机组成示意图

2.8.1　螺旋轴制作工艺流程

螺旋轴包括中心轴、螺旋叶片和驱动套,其制作工艺流程如图 2-54 所示。

2.8.2　螺旋轴加工重难点

在螺旋轴制造工艺中,重难点主要有以下几个方面:

(1) 螺旋叶片的成型加工;

(2) 中心轴之间的焊接变形控制;

(3) 中心轴与叶片的焊接。

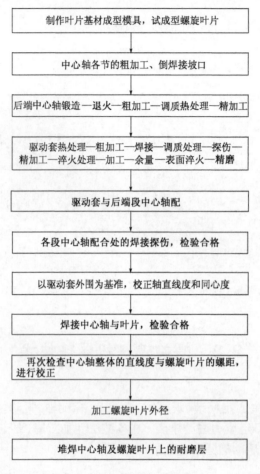

图 2-54　螺旋轴制作工艺流程图

2.8.3　螺旋轴制作工艺

（1）螺旋叶片的成型加工

根据各加工厂家的设备能力及经验有不同的成型工艺，本项目螺旋输送机的螺旋叶片是通过热压成型，然后在表面焊接耐磨层制成的。

由于加工数量不大，螺旋叶片采用简易的成型压模制作。用取点法分段定位螺旋叶片上各点，连接各点形成螺旋叶片的曲线。考虑压制时叶片成型特点，整个叶片压制的下料难度较大，所以每次压制只按半个叶片成型制作。

将两块成型的叶片拼焊成一个螺距叶片，检查下料及成型效果是否符合设计要求，如图 2-55 所示。

（2）中心轴的焊接及中心轴与螺旋叶片的焊接

中心轴采用分段拼焊而成，两端采用实心轴加工，中间采用钢管。中心轴后段采用 45 号钢锻压成型，焊接性能较差。中心轴后段与中段及叶片的焊接，焊前需要加温，焊后保温缓慢冷却。图 2-56 为螺旋轴加工。

图 2-55 螺旋叶片加工

图 2-56 螺旋轴加工

2.9 马蹄形盾构机后配套系统设计

2.9.1 长距离连续皮带输送机

长距离连续皮带输送机虽然在 TBM 法隧道应用较多,但是用于盾构机配套较少,技术难点除了面临多驱动功率平衡、变频自动张紧、自动延伸等问题,还要面临输送渣土较稀和黏性渣土的清扫问题。

(1) 新型张紧装置的研究设计

设计出能跟随盾构机随动的变频张紧装置,实现掘进过程中张紧力的恒定输出,保持了系统的稳定。张紧装置设置有双张力传感器,具有张力补偿及容错报警机制。

(2) 多点驱动电机同步的控制系统研究与设计

本系统实现了多台变频器之间的速度同步和负荷分配控制,主从变频器通过速度环控制,使得从变频器速度超前 5%,进而使得从变频器的速度环趋于饱和。通过 PLC 读取主变频器速度调节器的输出,并将其发送至从变频器作为从变频器转矩限幅,从而使得主变频器和从变频器的输出转矩相等。解决了由于多点驱动控制时的功率不平衡问题。

(3) 清扫问题

通过针对性的设计,设置调节余量大的刮板调节器,如图 2-57 所示;使刮板和胶带紧密贴合,并在刮板前增加一道喷水装置,二道清扫器之后,再增加一套自制刮板,三次进行清扫。在此之后增设水清洗箱,再次对胶带进行清洗。最终,试验效果显著,胶带清洁度达到了非工作面的清洁度,如图 2-58 所示。

(4) 渣土输送

渣土输送采用双螺旋输送机→设备皮带输送机→连续皮带机→转渣→弃渣场的运输布置。为了保证连续皮带输送机的顺利出渣,设备皮带输送机的布置方式为由设备桥前端中间位置倾斜至 4 号拖车的左侧位置,在设备皮带输送机与连续皮带输送机的接口处,设置了空间倾斜的出渣斗,该出渣斗倾斜面与水平面的夹角为 50°,当渣土进入连续皮带输送机时,可以起到缓冲作用且保证了渣土的流入不存渣,如图 2-59 所示。

图 2-57　刮板器　　　　　　　　图 2-58　胶带清洗效果

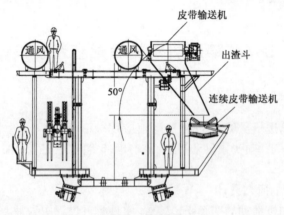

图 2-59　渣土输送

掘进时一旦发生喷涌或在黏土中掘进时,大角度的皮带输送机难以将稀渣送出,导致漏渣严重影响施工。根据相关工程案例,提供的盾构设计小倾角皮带输送机(10°)使输送稀渣的能力大为提高,基本能够将稀渣送出,保证掘进施工的正常进行。皮带输送机设置如图 2-60、图 2-61 所示。

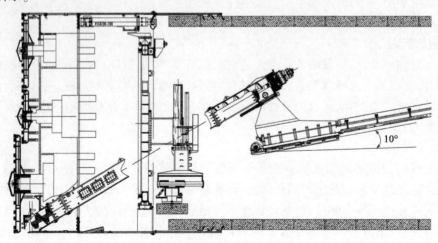

图 2-60　小倾角皮带输送机布置示意图

图 2-61 小倾角皮带输送机现场布置

2.9.2 管片吊运系统

管片通过二次吊运系统(5t×4)将管片逐个输送到管片拼装机可抓取范围内供安装使用,如图 2-62 所示。

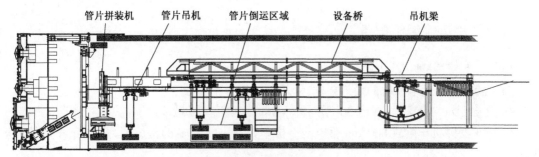

图 2-62 管片拼装结构

吊装的流程为:管片吊机从管片车上将管片卸载后→前行至设备桥区间的管片吊机上方→管片旋转 90°→将管片放到二次吊机的抓取范围内→由二次吊机逐个输送到管片拼装机可抓取范围内供安装使用。其吊运轨道分为多段,两次调运的轨道沿高度方向错开,轨道跨度也不同,从而避免了吊运过程中的干涉问题。

2.9.3 延时同步仰拱栈桥设计

在盾构机拖车后部合适距离安放仰拱栈桥,配合掘进同步施工。栈桥上安装有轨道,可通行管片编组列车和仰拱浇筑混凝土罐车;同时,栈桥下可进行仰拱填充施工,互不干扰。仰拱栈桥前、后部连接有上、下坡轨道装置,以便于编组列车通行;后配套仰拱浇筑编组列车上坡进入栈桥,在栈桥上进行仰拱混凝土浇筑。栈桥底部设置混凝土仰拱铺筑的模具,实现盾构机掘进与后续仰拱填充同步进行,优化隧洞成型方式,提高混凝土仰拱填充质量,缩短工程工期,提高效率。仰拱栈桥结构如图 2-63 所示。

为解决列车编组运输物料的问题(编组通过混凝土仰拱形成的高度差),栈桥具备以下功能:

(1)栈桥前后两端设置轨道上、下坡过渡平台,栈桥上安装有轨道,实现隧道轨道与盾构编组轨道联通,满足盾构机物料运输编组列车的通行。

(2)同步混凝土仰拱浇筑的实现需要罐车将混凝土运至栈桥处,在栈桥上进行仰拱混凝土浇筑,因此,栈桥设计应具备足够的承载能力及浇筑空间。

(3)栈桥底部设置有浇筑空间,首先满足浇筑模具的布置,长度满足30m混凝土浇筑冷凝等强时间。以保证仰拱有足够的强度满足物料编组等设备通行和轨道布置的要求。

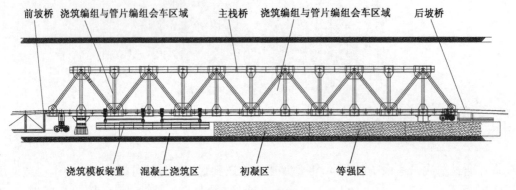

图2-63 仰拱栈桥结构

2.9.4 管片运输编组配备

1)管片运输编组

为了满足物料运输系统的设计要求,管片运输编组配置如下:

(1)2台10m³砂浆车+3台30t管片车+50t变频机车,共2列。

(2)50t变频机车配置800Anh蓄电池。机车具备重载35‰的爬坡能力,空载40‰的爬坡能力。

(3)砂浆车带行走搅拌功能,砂浆车的泵送系统应具备在15min内完成10m³泵送工作能力。

(4)1号、2号拖车在设计时考虑砂浆车泵送管道布置及设计。

(5)管片运输编组的末端管片车后部增加物料放置平台,以方便油脂桶、泡沫桶等物料运输。

2)仰拱浇筑编组

为实现仰拱填充同步进行,仰拱浇筑编组配置如下:

(1)3台12m³搅拌罐车+1台人员车(容纳16人以上)+50t变频机车,共1列;且混凝土罐车具备行走搅拌功能,电力供应由50t变频机车提供。

(2)50t变频机车配置800Anh蓄电池。机车具备重载35‰的爬坡能力,空载40‰的爬坡能力。

(3)仰拱栈桥前部(下坡)引桥的坡度为35‰,且不影响仰拱浇筑编组与管片运输编组(空载)通行。

2.10 整机组装工艺技术

为确保超大断面马蹄形盾构机工厂组装调试工作的高效、有序、优质进行,在组装调试工作开始之前,项目组对组装调试的时间安排、资源组织及配置、相关程序、培训都做出了相应计划。

2.10.1 场地布置

根据盾构机的外形尺寸、大件重量及尺寸,车间内组装区分为主机组装区和后配套组装区,存放区分为主机大件存放翻身区和后配套零部件存放区。

在主机存放翻身区,主要存放主机的大件;如刀盘、盾体、主驱动、螺旋输送机、米字梁、管片拼装机等。

2.10.2 电供应方案

1) 空载试机功率

空载试机功率为 2500kVA+1600kVA,采用 10kV 高压电直接供给超大断面马蹄形盾构机的变压器。

2) 车间设备所需功率估算

(1) 照明:10kW;
(2) 空压机:5.5kW×2=11kW;
(3) 电焊机:10kW×2=20kW;
(4) 其他小型电动工具:10kW;
(5) 桁吊:75kW+30kW+10kW×2=125kW;
总共:10kW+11kW+20kW+10kW+125kW=176kW。
设备同时使用率约为60%,因此,总共所需 176kW×0.6=106kW。

3) 办公生活区所需功率估算

(1) 照明:15kW;
(2) 办公室用电:20kW;
(3) 食堂:50kW;
同时使用率约为70%,因此,所需(15kW+20kW+50kW)×0.7=60kW。

4) 电缆布置

根据盾构具体用电要求,可以采用 10kV 直接接到盾构的变压器上或 400V 进入车间再接入盾构设备的两种方案。根据车间内原有的 1 个总配电柜和每个 50kW 的 16 个分柜的布置情况,采用 10kV 直接进入盾构的变压器的方案,该方案需要的高压电缆大约为 300m。实施时将电缆沿车间内侧一边布置,并设警示标志。

2.10.3 组装培训

按照设备的组装、组装调试方案和工作计划,对所有参加组装调试的人员进行技术交底和技术培训,并分别针对不同的组装工作提出具体的要求。

(1)机械部件的组装:要求组装人员必须弄清其组装件结构与安装尺寸的关系,掌握螺栓连接紧固的具体要求等机械安装的基本常识,同时还要求所有组装人员在整个组装过程中要自始至终保持所有组装件及组装场地的清洁。

(2)液压系统组装:要求组装人员必须提前检查泵、阀等液压系统原件的封堵是否可靠。如有疑问,要求必须进行现场清洗和封堵。在组装前如没有充满油液的管件,也必须进行严格清洗。

(3)高、低压设备和电器元件的安装:要求严格执行公司有关标准和我国电力电气安装的有关规定和标准。

(4)组装过程中所使用的设备和工具要求:使用前必须进行安全检查,杜绝一切安全隐患,保证组装过程的顺利进行。

(5)组装工作开始之前要求:对150t、100t、32t桥式起重机进行安全运行检查,确保组装工作在安全可靠的环境下进行。

2.10.4 组装步骤

工厂组装分为主机组装与后配套组装两大部分,要求同时进行组装作业。组装步骤如下:

1)划线找正

在组装区域先拉线将盾构组装中心线画出,并依据总装配图确认主机组装起始位置并划线。

2)主机组装

主机组装总体方案如下:

(1)前盾下部组装。

(2)中盾下部组装。

①安装中盾下部推进液压缸,之后进行翻转;

②调整轴向坡度便于与前盾的对接。

(3)米字梁组装。

利用门式起重机将米字梁与中盾下部连接。

(4)中盾左、右部组装。

吊装前需要对所有法兰连接面进行清理。

(5)盾尾下部组装

盾尾清理,焊接部位打磨,用门式起重机把盾尾下部吊到基座指定位置。

(6)前盾上部组装

前盾上部吊装如图2-64所示。

(7)管片拼装机组装

在门式起重机吊装范围内进行管片拼装机组装,事先在地面上将拼装机拼接成整圆环。

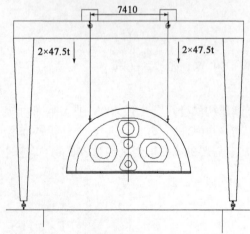

图2-64 前盾上部吊装示意图(尺寸单位:mm)

（8）螺旋输送机组装

螺旋输送机吊装如图 2-65 所示。

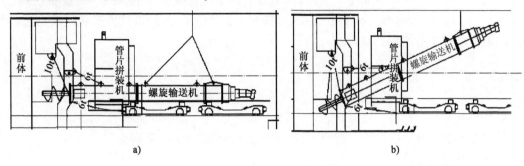

图 2-65　螺旋输送机吊装示意图

（9）中盾上部组装。

吊装前需要对所有法兰连接面进行清理，中盾与米字梁之间采用螺栓连接。

（10）刀盘吊装。

刀盘吊装如图 2-66 所示。

（11）主机内部组件组装。

在刀盘安装完成后，进行主机内部各预装组件的安装工作，在中盾内四层平台上将推进阀组、配电柜等附属设备进行安装固定，连接各管路线路。

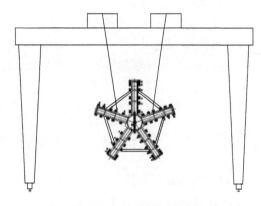

图 2-66　刀盘吊装示意图

（12）盾尾上部组装。

主机内部组件安装完成后，进行盾尾上部组装，按照盾尾定位安装块的位置先组装，然后调整盾尾的尺寸之后进行焊接。

（13）主机组装完成，如图 2-67 所示。

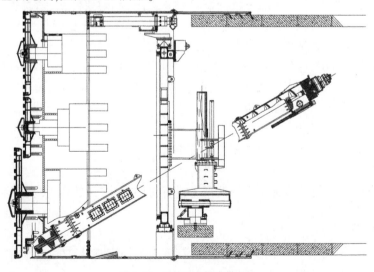

图 2-67　盾构机主机组装完成

3）拖车组装

盾构机共有6节拖车组成拖车组，拖车组装需在主机组装完成后，依次按：设备桥→1号拖车→2号拖车→3号拖车→4号拖车→5号拖车→6号拖车，分别以散件形式组装，完成后，连接成整体后和主机连接。

2.10.5　出厂调试

1）调试目的

根据技术参数及标准进行空载调试，使设备各系统功能齐全、运转正常。

2）主要调试内容

（1）盾构外形测量

刀盘、前盾、中盾、盾尾及螺旋输送机外形轮廓尺寸检查。

（2）液压系统

主推系统、螺旋输送机系统、管片拼装机系统等。

（3）电气系统测试

主驱动、紧急停止、联动互锁、土压传感器及其他件功能测试。

2.10.6　出厂检验、拆卸、包装及运输

1）盾构机出厂检验

按项目组编写的"工厂验收大纲"进行检验。

2）拆机

（1）标识及拍照

①盾构机的电气、液压系统管线众多，分布于整机的各个部位，错综复杂。因此，在盾构机的拆卸之前，应根据技术文件中的系统图制订标识方案，同时要仔细、认真填写标识登记表。标识登记表中应包括图名、图号、图代码、标识码、型号、长度、起止位置与走向8项内容。

②为了便于再次组装时查看、对照，盾构机拆卸之前，要对各系统布置情况选取适当角度进行拍照，以准确表现组成部件的位置关系，拍照过程应做好记录。照片登记表应包括照片编号、拍照部位或元件名称、标识码或标识牌、所在位置4项内容。

（2）拆卸工具、机具及耗材的准备

①拆机工具、机具同装机。

②耗材：液压堵头、电缆接头包扎塑料袋及绑扎带等。

（3）拆机顺序

拆机工作仍分为主机及后配套系统两部分进行，拆卸前应先断开主机与后配套间管线，再断开主机间及拖车间管线。

①主机拆卸顺序

刀盘及驱动→前盾上部→推进液压缸→中盾上部→尾盾上部→螺旋输送机→管片拼装机→前盾下部→中盾下部→尾盾下部。

②后配套拆卸顺序

依次拆除盾构机的 6 节拖车,分别以散件形式包装,以方便以后的运输。

(4)部件归类

清理过程中若发现问题,对照技术文件统计损坏零部件的规格型号及数量,结合库存制订配件计划并及时定购,以确保再次组装的顺利进行。

3)包装

(1)拆卸后所有的结合面均涂防锈油。

(2)所有管线绑扎牢固。

(3)所有未拆卸配电柜、电机、阀及泵等均使用双层塑料布包扎。

(4)盾体装车时底部需垫木板或橡胶垫。

(5)对所有部件进行补漆。

(6)对于连接件、小部件、贵重件、电器等分别用不同规格的木箱进行包装。

①木箱进行包装需采取防潮、防雨、防锈、防腐蚀、防振动及防止其他损坏的必要的保护措施,从而保证货物能够经受多次搬运、装卸的长途运输。

②对包装箱内的各散装部件均应系加标签,注明主机名称、部件名称,以及部件在装配图中的位号、零件号。备件和工具除注明上述内容外,尚需注明"备件"或"工具"字样。

③在每件包装箱相邻接的四个侧面上,用不褪色的油漆以明显易见的中文字样印刷以下标记:目的地、收货人、合同设备名称和项号、箱号/件号、毛质量/净质量(kg)及尺寸等。

④根据设备的装卸、运输的不同要求,在包装箱上以中文明显的印刷"轻防""勿倒置""保持干燥"等字样以及其他运输中通用的标记。凡质量为 2t 或超过 2t 的设备,还应标明质量、重心及挂绳位置。

⑤在设备的每件包装箱内,应附有装箱明细单副本,一式二份。

4)运输

(1)盾构机长大件较多,形状各异,在拆卸时首先依照盾构机结构件图纸了解吊点位置,掌握吊装平衡工艺;起吊过程必须有专人指挥,在确定吊具安装正确,人员安全撤离,连接件完全脱开后方可起钩移车。

(2)分多批运输:

①刀盘、盾体及管片拼装机等大型超宽件一批运输。

②螺旋输送机、液压缸及木箱一批运输。

③后配套设施一批运输。

(3)在运输或摆放时,需要用木板支垫平衡,中心位于汽车中心线上。运输车上还需绑缚导链加以稳固,运输车速严禁超过 40km/h。

第3章 马蹄形盾构管片设计与制造

3.1 设计原则及标准

（1）盾构管片结构计算应分别按施工阶段和使用阶段进行计算，取最不利值作为使用阶段内力控制值。

（2）隧道结构的安全等级为一级。

（3）隧道不可更换的结构设计使用年限为100年。

（4）抗震等级：本场地地震动峰值加速度为$0.05g$（地震基本烈度为Ⅵ度），地震动反应谱特征分区为一区。隧道主体结构的抗震设防分类为乙类，按7度抗震设防烈度的要求采取抗震措施。

（5）地面超载按20kPa，不考虑人防荷载。

（6）抗浮：本工程结构设计按最不利情况进行抗浮验算。抗浮安全系数考虑侧壁摩阻力时不小于1.10，不考虑侧壁摩阻力时不小于1.05。

（7）隧道结构防水等级为一级。

（8）隧道结构的耐火等级为一级。

（9）隧道结构采用以概率理论为基础的极限状态设计法，以可靠指标度量结构构件的可靠度，采用以分项系数的设计表达进行设计。

（10）结构构件根据承载力极限状态及正常使用极限状态的要求，分别进行下列计算和验算。

①承载力：所有结构构件均应进行承载力（包括压曲失稳）计算。

②变形：对使用上需控制变形值的结构构件，应进行变形验算。

③抗裂及裂缝宽度：盾构管片作为永久结构，采用标准组合下的内力进行正常使用极限状态下管片钢筋混凝土裂缝宽度验算，结构最大裂缝宽度内外侧均不大于0.2mm。

3.2 计算模型及荷载组合

3.2.1 计算模型

马蹄形断面隧道盾构管片结构内力计算国内尚未有成熟的计算模型，通过比较圆形断面隧道盾构管片的计算方式,该盾构管片结构计算采用荷载—结构模型。分别采用匀质圆环法和梁—弹簧模型法两种计算方法进行内力计算,分析计算结果的合理性和准确性,取最不利情况进行管片结构设计。其中,匀质圆环法是参考圆形盾构管片的计算方式,考虑盾构管片接缝对管片刚度的影响,对管片刚度进行适当折减,计算中刚度折减系数 η 取 0.8;考虑管片环之间错缝拼装的影响,管片环之间考虑弯矩增大系数 ζ,取 $\zeta=0.2$。计算模型如图 3-1 所示。

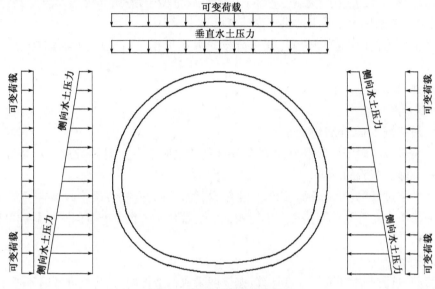

图 3-1　盾构管片结构计算模型

3.2.2　工程材料

本隧道盾构管片所用材料如下:

1）管片混凝土

（1）混凝土等级为 C50;

（2）混凝土抗渗等级≥P10。

2）钢筋

钢筋采用 HPB300、HRB400 级。

3）钢材

钢结构构件采用 Q235 钢。

管片连接螺栓采用强度等级为 8.8 级的钢材。

3.2.3　计算荷载及荷载组合

1）计算荷载

荷载分为永久荷载、可变荷载、偶然荷载。

(1) 永久荷载

管片结构自重、土(围岩)压力、水压力、地面建筑物附加荷载、地基抗力。永久荷载按隧道断面及埋深分别进行计算,土压力结合地层特征采取水土合算或水土分算。

对于永久荷载可按如下方式进行计算。

①在砂性土地层中应采用水土分算;在黏性地层中应采用水土合算。

②对于超浅埋、浅埋、中埋隧道,垂直土压力宜取全覆土荷载;当覆土厚度 >2.5B(B 为隧道跨度)时可以考虑按太沙基坍落拱理论计算垂直土压力。

③水平土压力作用在衬砌两侧,分布荷载的大小根据垂直土压力与侧向土压力系数来计算。

④管片钢筋混凝土自重取 $26kN/m^3$。

(2) 可变荷载

①地面超载按 $20kN/m^2$ 计算。

②施工荷载应考虑千斤顶推力、不均匀注浆压力、拼装误差、管片堆放及吊装等。本阶段计算暂不考虑施工荷载的影响。

③管片拼装过程中,管片环缝、纵缝产生错台,管片内力受拼装误差的影响较大,拼装误差产生的附加荷载会对管片长期使用产生影响,因此,管片拼装误差产生的附加荷载可按永久荷载考虑。

(3) 偶然荷载

地震荷载:抗震基本烈度按 6 度计算,按 7 度采取构造措施;人防荷载暂时不考虑。

计算中,对地震荷载仅按构造要求进行考虑、人防荷载不考虑。

2) 荷载组合

隧道结构设计时,分别就施工阶段、正常运营阶段可能出现的最不利荷载组合进行结构的强度、刚度和裂缝宽度验算。但偶然荷载阶段每次仅对一种荷载进行组合,并考虑材料强度综合调整系数(不需验算裂缝宽度),见表3-1。

荷 载 组 合 表　　　　表3-1

序号	荷载组合	永久荷载分项系数	可变荷载分项系数	偶然荷载	
				地震荷载	人防荷载
1	承载力极限状态(基本组合)	1.35	1.4	—	—
2	正常使用极限状态(标准组合)	1.0	1.0	—	—

3.2.4 计算断面

根据白城隧道纵断面确定的盾构段隧道埋深情况,管片结构计算分别以有效覆土厚度 $h_{有效} \leq 1.0B$(进洞处隧道最小覆土厚度为 0.7B)、$1.0B < h_{有效} \leq 1.5B$、$1.5B < h_{有效} \leq 2.5B$、$2.5B < h_{有效}$(B 为盾构开挖跨度,$B = 11.54m$)进行分类,按超浅埋、浅埋、中埋、深埋进行管片结构计算。荷载计算采用水土合算的方法,又分为基本组合、标准组合两种情况考虑。

1) 浅埋断面

浅埋段隧道覆土厚度为 11.54~17.31m,该段落最大有效覆土厚度取 17.31m。分析隧道纵断面可知,编号为 13-ZD-1685 的地质钻孔资料能较好说明该范围管片穿越地层情况,计算时选用该钻孔地质资料作为计算依据。地层参数统计见表 3-2。

浅埋断面地层参数表(13-ZD-1685)　　　表 3-2

土层编号	土质类型	埋深 H(m)	重度 γ(kN/m³)	内摩擦角 φ(°)	黏聚力 c(kPa)	侧压系数 K_0
2-41	细砂	3.8	19.4	34	3	0.41
4-11	砂质新黄土	11.4	16.0	27.1	22.0	0.48
4-13	砂质新黄土	29.8	18.0	27.5	20.7	0.48

(1) 永久荷载

竖向(水)土压力 $P = \gamma h = 17.6 \times 17.31 = 304.7 (\text{kPa})$;

侧向(水)土压力 $e_1 = \lambda \gamma h = 0.474 \times 17.6 \times 17.31 = 144.4 (\text{kPa})$;

侧向(水)土压力 $e_2 = \lambda \gamma (h + H) = 0.474 \times 17.6 \times (17.31 + 10.59) = 232.8 (\text{kPa})$。

(2) 可变荷载

超载 $= 20 (\text{kPa})$;

超载引起的侧向土压力 $= 20 \times 0.474 = 9.5 (\text{kPa})$。

2) 中埋断面

中埋段隧道覆土厚度为 17.31~28.85m,该段盾构隧道埋深较深,该段落有效覆土厚度取 28.85m。分析隧道纵断面可知,编号为 13-ZD-1686 地质钻孔资料能较好说明该范围管片穿越地层情况,计算时选用该钻孔地质资料作为计算依据。地层参数统计见表 3-3。

中埋断面地层参数表(13-ZD-1686)　　　表 3-3

土层编号	土质类型	埋深 H(m)	重度 γ(kN/m³)	内摩擦角 φ(°)	黏聚力 c(kPa)	侧压系数 K_0
2-41	细砂	1.3	19.4	34	3	0.37
4-11	砂质新黄土	13.2	15.0	26.7	19.5	0.48
4-13	砂质新黄土	35.5	16.0	25.3	27.6	0.48

(1) 永久荷载

竖向(水)土压力 $P = \gamma h = 15.8 \times 28.85 = 455.8 (\text{kPa})$;

侧向(水)土压力 $e_1 = \lambda \gamma h = 0.477 \times 15.8 \times 28.85 = 217.4 (\text{kPa})$;

侧向(水)土压力 $e_2 = \lambda \gamma (h + H) = 0.477 \times 15.8 \times (10.59 + 28.85) = 297.2 (\text{kPa})$。

(2) 可变荷载

超载 $= 20 (\text{kPa})$;

超载引起的侧向土压力 $= 20 \times 0.477 = 9.5 (\text{kPa})$。

3) 深埋断面

深埋段隧道覆土厚度为 28.85~72.2m,该段盾构隧道埋深较深,管片结构计算时,采用太沙基公式计算有效覆土。分析隧道纵断面可知,编号为 13-ZD-1688 地质钻孔资料能较好说明该范围管片穿越地层情况,计算时选用该钻孔地质资料作为计算依据。地层参数统计见表 3-4。

深埋断面地层参数表(13-ZD-1688)　　　　表 3-4

土层编号	土质类型	埋深 H(m)	重度 γ(kN/m³)	内摩擦角 φ(°)	黏聚力 c(kPa)	侧压系数 K_0
4-11	砂质新黄土	4	16.0	24.4	22.0	0.47
4-13	砂质新黄土	81.0	16.0	25.7	20.8	0.47

深埋段管片结构计算时,该段落盾构顶部最大覆土厚度为 72.2m,考虑到洞顶覆土的成拱效应,隧道顶部有效覆土荷载计算根据太沙基公式求解。

太沙基垂直土压力计算简图如图 3-2 所示,计算公式[参考《日本隧道标准规范(盾构篇)及解释》]如下:

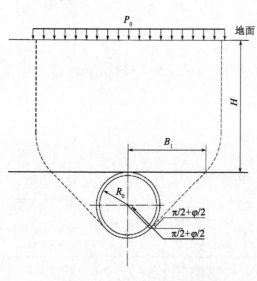

$$\sigma_N = \frac{B_1\left(\gamma - \dfrac{c}{B_1}\right)}{K_0 \tan\varphi} \cdot (1 - e^{-K_0 \tan\varphi \cdot H/B_1}) + p_0 \cdot e^{-K_0 \tan\varphi \cdot H/B_1} \quad (3-1)$$

$$B_1 = R_0 \cot\left(\frac{\dfrac{\pi}{4} + \dfrac{\varphi}{2}}{2}\right) \quad (3-2)$$

式中:σ_N——太沙基松弛土压力(kPa);

K_0——水平土压力与垂直土压力之比(一般取 $K_0 = 1$);

φ——土的内摩擦角(°);

H——松弛层的换算高度(m);

p_0——上覆荷重(kPa);

γ——土的重度(kN/m³);

c——土的黏聚力(kPa)。

图 3-2　太沙基垂直土压力计算简图

根据隧道结构设计参数及深埋段隧道地层信息,以上各参数取值见表 3-5。

计算参数取值　　　　表 3-5

参数	K_0	φ(°)	H(m)	P_0(kPa)	γ(kN/m³)	c(kPa)	R_0(m)
取值	1	25.7	72.2	20	16	20.8	5.59

(1)永久荷载

竖向(水)土压力 $P = \gamma h = \sigma_v = 284.2(\text{kPa})$;

侧向(水)土压力 $e_1 = \lambda \gamma h = 0.47 \times 16.0 \times 17.76 = 133.6(\text{kPa})$;

侧向(水)土压力 $e_2 = \lambda \gamma (h + H) = 0.47 \times 16.0 \times (10.59 + 17.76) = 213.2(\text{kPa})$。

(2)可变荷载

超载 = 20(kPa);

超载引起的侧向土压力 = $20 \times 0.47 = 9.4(\text{kPa})$。

3.3 管片内力计算

3.3.1 匀质圆环法计算结果

(1) 浅埋断面标准组合

管片内力计算结果如图 3-3 所示。

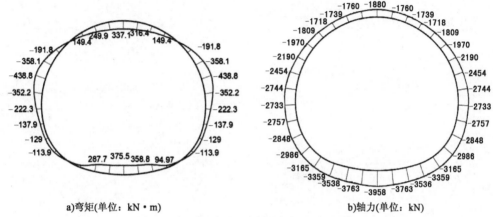

图 3-3　浅埋断面标准组合管片内力(匀质圆环法)

(2) 浅埋断面基本组合

管片内力计算结果如图 3-4 所示。

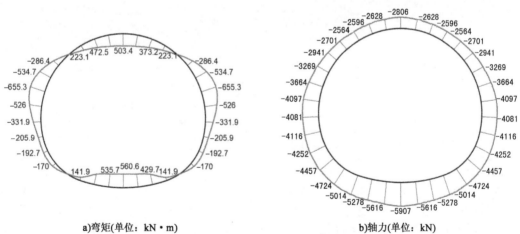

图 3-4　浅埋断面基本组合内力(匀质圆环法)

(3) 中埋断面标准组合

管片内力计算结果如图 3-5 所示。

(4) 中埋断面基本组合

管片内力计算结果如图 3-6 所示。

(5) 深埋断面标准组合

管片内力计算结果如图 3-7 所示。

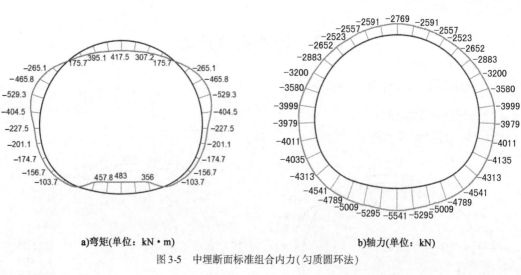

a) 弯矩(单位: kN·m)　　　　　　b) 轴力(单位: kN)

图 3-5　中埋断面标准组合内力(匀质圆环法)

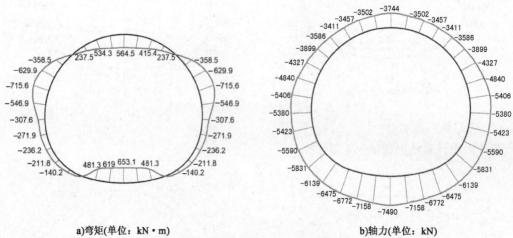

a) 弯矩(单位: kN·m)　　　　　　b) 轴力(单位: kN)

图 3-6　中埋断面基本组合内力(匀质圆环法)

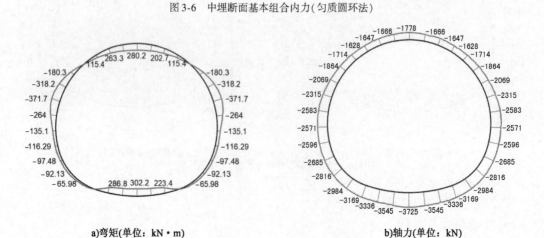

a) 弯矩(单位: kN·m)　　　　　　b) 轴力(单位: kN)

图 3-7　深埋断面标准组合内力(匀质圆环法)

(6) 深埋断面基本组合

管片内力计算结果如图 3-8 所示。

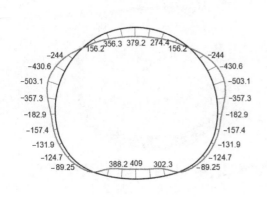

a) 弯矩(单位：kN·m)　　　　　　　　b) 轴力(单位：kN)

图 3-8　深埋断面基本组合内力(匀质圆环法)

3.3.2　梁—弹簧模型法计算结果

(1) 浅埋断面标准组合

管片内力计算结果如图 3-9 所示。

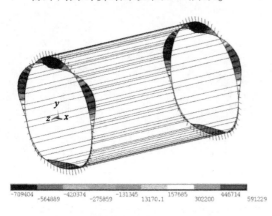

a) 弯矩(单位：kN·m)

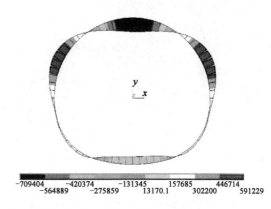

b) 第一环弯矩(单位：kN·m)

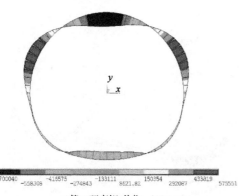

c) 第二环弯矩(单位：kN·m)

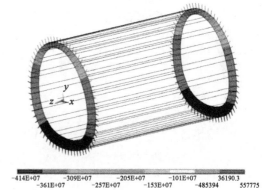

d) 轴力(单位：kN)

图　3-9

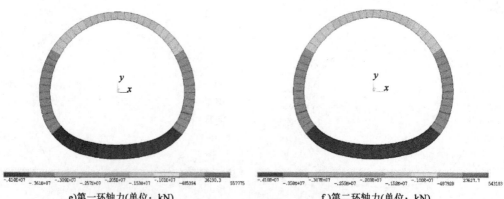

e)第一环轴力(单位：kN)　　　　　　　f)第二环轴力(单位：kN)

图 3-9　浅埋断面标准组合内力(梁—弹簧模型法)

其衬砌内力值见表 3-6。

浅埋断面标准组合内力统计　　　　　　　表 3-6

位　　置	最大正弯矩(kN·m)	对应轴力(kN)	最大负弯矩(kN·m)	对应轴力(kN)
第一环	709.400	-2274.800	-591.230	-3130.900
第二环	700.040	-2248.500	-543.180	-3098.200

(2) 浅埋断面基本组合

管片内力计算结果如图 3-10 所示。

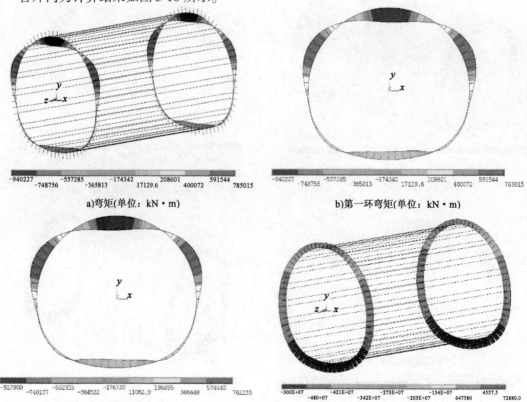

a)弯矩(单位：kN·m)　　　　　　　　b)第一环弯矩(单位：kN·m)

c)第二环弯矩(单位：kN·m)　　　　　　d)轴力(单位：kN)

图 3-10

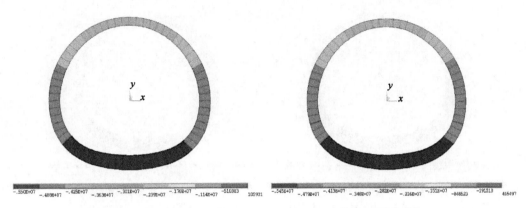

e) 第一环轴力(单位：kN)　　　　　　　f) 第二环轴力(单位：kN)

图 3-10　浅埋断面基本组合内力(梁—弹簧模型法)

其衬砌内力值见表 3-7。

浅埋断面基本组合内力统计　　　　　　　　表 3-7

位　　置	最大正弯矩(kN·m)	对应轴力(kN)	最大负弯矩(kN·m)	对应轴力(kN)
第一环	940.230	−3057.200	−783.020	−4186.700
第二环	927.900	−3022.200	−762.230	−4200.900

(3) 中埋断面标准组合

管片内力计算结果如图 3-11 所示。

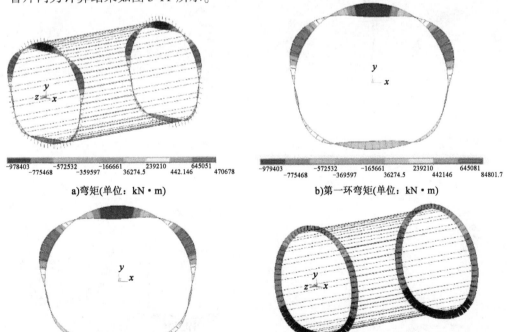

a) 弯矩(单位：kN·m)　　　　　　　b) 第一环弯矩(单位：kN·m)

c) 第二环弯矩(单位：kN·m)　　　　　d) 轴力(单位：kN)

图　3-11

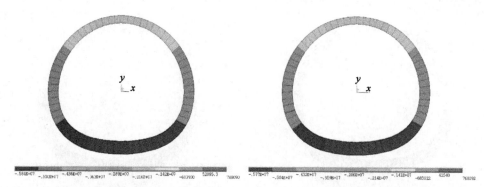

e) 第一环轴力(单位：kN)　　　　　f) 第二环轴力(单位：kN)

图 3-11　中埋断面标准组合内力(梁—弹簧模型法)

其衬砌内力值见表 3-8。

中埋断面标准组合内力统计　　　　　　　　　　　表 3-8

位　置	最大正弯矩(kN·m)	对应轴力(kN)	最大负弯矩(kN·m)	对应轴力(kN)
第一环	978.400	-3311.800	-848.020	-4535.700
第二环	968.680	-3269.100	-825.950	-4547.900

(4) 中埋断面基本组合

管片内力计算结果如图 3-12 所示。

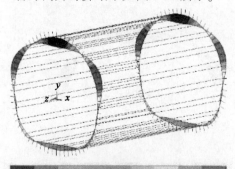

a) 弯矩(单位：kN·m)

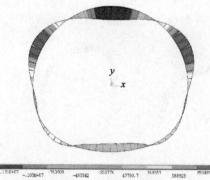

b) 第一环弯矩(单位：kN·m)

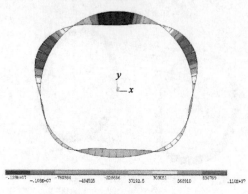

c) 第二环弯矩(单位：kN·m)

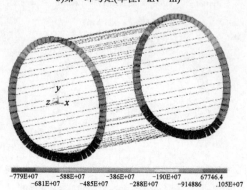

d) 轴力(单位：kN)

图 3-12

第3章 马蹄形盾构管片设计与制造

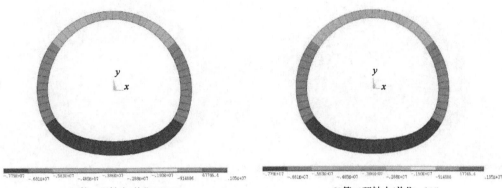

e)第一环轴力(单位:kN) f)第二环轴力(单位:kN)

图 3-12 中埋断面基本组合内力(梁—弹簧模型法)

其衬砌内力值见表3-9。

中埋断面基本组合内力统计(梁—弹簧模型法)　　　　表3-9

位 置	最大正弯矩(kN·m)	对应轴力(kN)	最大负弯矩(kN·m)	对应轴力(kN)
第一环	1305.000	-4456.500	1130.100	-6082.900
第二环	1292.100	-4399.500	1100.600	-6100.300

(5)深埋断面标准组合

管片内力计算结果如图3-13所示。

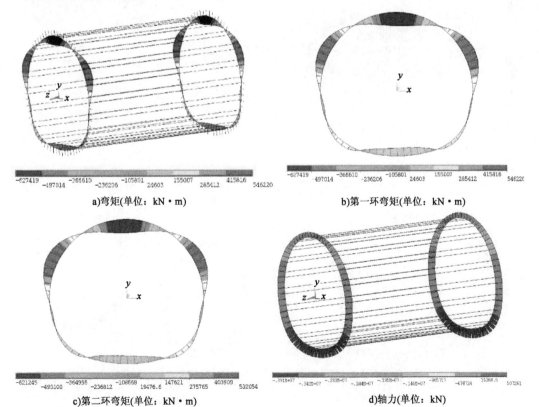

a)弯矩(单位:kN·m) b)第一环弯矩(单位:kN·m)

c)第二环弯矩(单位:kN·m) d)轴力(单位:kN)

图 3-13

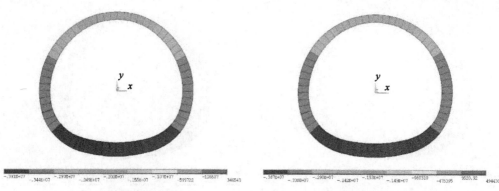

e)第一环轴力(单位：kN)　　　　　　　　f)第二环轴力(单位：kN)

图3-13　深埋断面标准组合内力(梁—弹簧模型法)

其衬砌内力值见表3-10。

深埋断面标准组合内力统计(梁—弹簧模型法)　　　　表3-10

位　置	最大正弯矩(kN·m)	对应轴力(kN)	最大负弯矩(kN·m)	对应轴力(kN)
第一环	627.420	−2149.800	−546.220	−2951.000
第二环	621.240	−2122.300	−532.050	−2956.400

(6) 中埋断面基本组合

管片内力计算结果如图3-14所示。

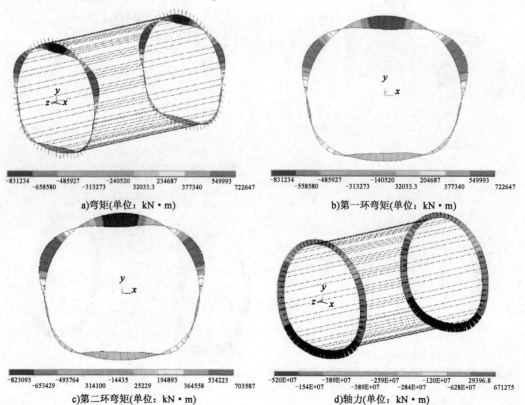

a)弯矩(单位：kN·m)　　　　　　　　b)第一环弯矩(单位：kN·m)

c)第二环弯矩(单位：kN·m)　　　　　　d)轴力(单位：kN·m)

图 3-14

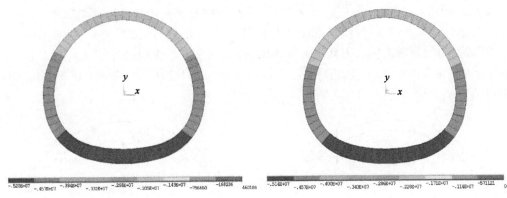

e) 第一环轴力(单位：kN)　　　　　　　f) 第二环轴力(单位：kN)

图 3-14　深埋断面基本组合内力(梁—弹簧模型法)

其衬砌内力值见表 3-11。

深埋断面基本组合内力统计(梁—弹簧模型法)　　　　表 3-11

位　置	最大正弯矩(kN·m)	对应轴力(kN)	最大负弯矩(kN·m)	对应轴力(kN)
第一环	831.230	-2887.700	-722.650	-3943.500
第二环	823.900	-2851.300	-703.890	-3951.900

3.4　管片结构设计

3.4.1　管片分块

衬砌环的分块在满足施工机械能力的前提下,应尽量减少纵向、环向接缝。管片分块需考虑以下因素:管片的拼装形式、盾构的拼装能力、纵向螺栓的位置分布等。管片的分块方案主要有三种:封顶块等分方案、1/2 封顶块方案、1/3 封顶块方案。考虑目前国内大直径盾构隧道管片多采用 1/3 封顶块方案,因此采用 1/3 封顶块方案。

经综合分析比较,考虑到施工的便利性、管片的力学特征、对盾构机管片拼装设备的要求等方面,本次设计研究了"7+1""8+1"管片划分模式。每块管片的圆心角是根据衬砌不同曲线拟定的,"7+1"方案最大块质量为 9.23t,最小块为 3.08t。"8+1"方案最大块质量为 8.12t,最小块为 2.71t。"7+1"块结构刚度大、对结构变形控制有利,拼装相对略难,但在盾构机管片拼装设备能力允许的前提下,分块数越少,结构越有利、安装节奏快。因盾构机拼装设备能力是按照 10t 进行设计的,满足"7+1"拼装能力,因此确定"7+1"分块模式,如图 3-15 所示。

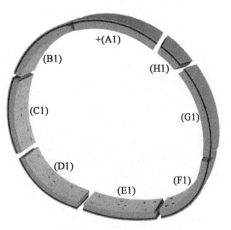

图 3-15　马蹄形管片 7+1 分块模式示意图

马蹄形管片衬砌结构采用错缝拼装方式,因此设计有奇数环(Odd)和偶数环(Even),如图3-16所示。奇数环包括:封顶块OK,邻接块OB1、OB2,以及其余5块OA1、OA2、OA3、OA4、OA5;偶数环包括:封顶块EK,邻接块EB1、EB2,以及其余5块EA1、EA2、EA3、EA4、EA5。马蹄形管片结构由3种半径/4段圆弧组成,设计宽度1.6m、厚度0.5m,成环尺寸高度10.589m、宽度11.540m,无楔形量。

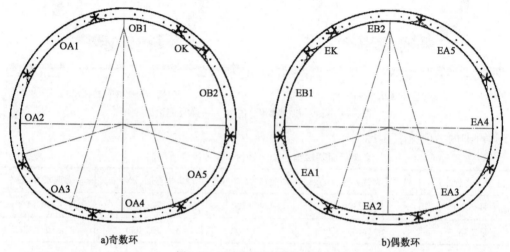

a) 奇数环　　　　　　　　　　　　　　b) 偶数环

图3-16　马蹄形管片结构分块形式

3.4.2　管片接头

管片接头是隧道结构的重要部分。对接头的连接方式、螺栓直径和角度、孔洞公差进行了研究,最终确定采用环向44颗RD30螺栓、纵向16颗RD36螺栓的方案。管片接头布置如图3-17所示;环向接头构造如图3-18a)所示,纵向接头构造如图3-18b)所示。

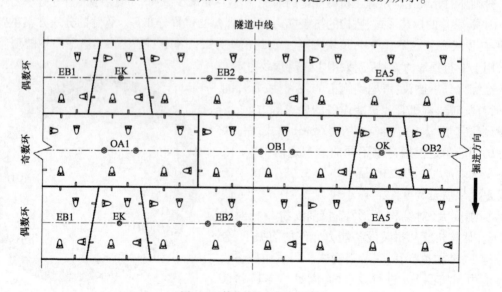

图3-17　管片接头布置示意图

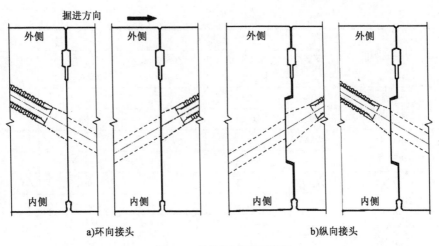

图 3-18 管片接头构造示意图

3.4.3 管片使用阶段计算内力

总体看,采用均质圆环法和梁—弹簧模型法计算结果在控制内力上较为一致,结合规范以及以往的设计经验,最终配筋设计以均质圆环法计算结果为依据,不同埋深和特殊段管片使用阶段内力统计结果见表 3-12。

管片计算内力统计表(每延米)　　　　表 3-12

断面	管片分块	位置	标准组合		基本组合	
			最大弯矩 (kN·m/m)	最大弯矩处轴力 (kN/m)	最大弯矩 (kN·m/m)	最大弯矩处轴力 (kN/m)
浅埋	EK(偶)/OK(奇)	内侧	149.4	1741	223.1	2564
		外侧	191.8	1970	286.4	2941
	EB1(偶)/OB2(奇)	内侧	—	—	—	—
		外侧	438.8	2454	655.3	3664
	EB2(偶)/OB1(奇)	内侧	337.1	1818	503.4	2714
		外侧	—	—	—	—
	EA1(偶)/OA5(奇)	内侧	95.0	3359	141.9	4927
		外侧	222.3	2713.8	331.9	4052
	EA2(偶)/OA4(奇)	内侧	375.5	3958	560.6	5907
		外侧	—	—	—	—
	EA3(偶)/OA3(奇)	内侧	326.0	3642	486.8	5437
		外侧	129.0	2847	192.7	4250
	EA4(偶)/OA2(奇)	内侧	—	—	—	—
		外侧	438.8	2456	655.3	3664
	EA5(偶)/OA1(奇)	内侧	316.4	1730	472.5	2584
		外侧	361.2	2334	539.4	3485

续上表

断面	管片分块	位置	标准组合 最大弯矩 (kN·m/m)	标准组合 最大弯矩处轴力 (kN/m)	基本组合 最大弯矩 (kN·m/m)	基本组合 最大弯矩处轴力 (kN/m)
中埋	EK(偶)/OK(奇)	内侧	175.7	2523	237.5	3411
		外侧	265.1	2883	358.5	3899
	EB1(偶)/OB2(奇)	内侧	—	—	—	—
		外侧	529.3	3200	715.6	4840
	EB2(偶)/OB1(奇)	内侧	417.5	2678	564.5	3621
		外侧	—	—	—	—
	EA1(偶)/OA5(奇)	内侧	92.1	4771	124.6	6370
		外侧	227.5	3979	307.6	5380
	EA2(偶)/OA4(奇)	内侧	483.0	5541	653.1	7490
		外侧	—	—	—	—
	EA3(偶)/OA3(奇)	内侧	410.8	5142	555.4	6952
		外侧	174.7	4137	236.2	5593
	EA4(偶)/OA2(奇)	内侧	—	—	—	—
		外侧	529.3	3577	715.6	4840
	EA5(偶)/OA1(奇)	内侧	395.1	2546	534.3	3443
		外侧	465.8	3200	629.9	4327
深埋	EK(偶)/OK(奇)	内侧	115.4	1628	156.2	2231
		外侧	180.3	1864	244.0	2561
	EB1(偶)/OB2(奇)	内侧	—	—	—	—
		外侧	371.7	2312	503.1	3128
	EB2(偶)/OB1(奇)	内侧	280.2	1721	379.2	2328
		外侧	—	—	—	—
	EA1(偶)/OA5(奇)	内侧	55.0	3120	74.4	4288
		外侧	135.1	2571	182.9	3479
	EA2(偶)/OA4(奇)	内侧	302.2	3725	409.0	5039
		外侧	—	—	—	—
	EA3(偶)/OA3(奇)	内侧	257.5	3435	348.5	4646.6
		外侧	97.48	2685	131.9	3633
	EA4(偶)/OA2(奇)	内侧	—	—	—	—
		外侧	371.7	2311	503.1	3128
	EA5(偶)/OA1(奇)	内侧	263.3	1639	356.3	2218
		外侧	318.2	2069	430.6	2800

注：计算结果显示，拱顶处产生的弯矩比仰拱处要小，同时拱顶轴力比仰拱处要小，按压弯构件配筋时，拱顶处受力条件比仰拱处不利，因此取拱顶处弯矩与轴力值进行管片内侧配筋。

3.4.4 管片配筋

管片使用阶段结构主筋配筋按压弯构件计算,配筋结果见表3-13。

使用阶段管片主筋配筋统计表(每环,环宽1.6m) 表 3-13

断面	管片分块	位置	最大弯矩 (kN·m/m)	最大弯矩处轴力 (kN/m)	配筋	裂缝 (mm)
浅埋	EK(偶)/OK(奇)	内侧	286.85	2785.6	14⊕20	
		外侧	368.26	3152.0	14⊕18	
	EB1(偶)/OB2(奇)	内侧			14⊕18	
		外侧	842.50	3926.4	14⊕25	0.170
	EB2(偶)/OB1(奇)	内侧	647.23	2908.8	14⊕22	0.144
		外侧			14⊕18	
	EA1(偶)/OA5(奇)	内侧	182.40	5374.4	14⊕20	
		外侧	426.82	4342.1	14⊕18	
	EA2(偶)/OA4(奇)	内侧	720.96	6332.8	7⊕22+7⊕20	
		外侧			14⊕18	
	EA3(偶)/OA3(奇)	内侧	625.94	5827.2	14⊕20	
		外侧	247.68	4555.2	14⊕18	
	EA4(偶)/OA2(奇)	内侧			14⊕18	0.193
		外侧	842.50	3929.6	14⊕25	0.170
	EA5(偶)/OA1(奇)	内侧	607.49	2768.0	14⊕20	0.157
		外侧	693.50	3734.4	14⊕22	
中埋	EK(偶)/OK(奇)	内侧	337.34	4036.8	14⊕20	
		外侧	508.99	4612.8	14⊕18	
	EB1(偶)/OB2(奇)	内侧			14⊕18	
		外侧	1016.26	5120.0	8⊕28+6⊕25	0.180
	EB2(偶)/OB1(奇)	内侧	801.60	4284.0	14⊕28	
		外侧			14⊕18	
	EA1(偶)/OA5(奇)	内侧	176.91	7633.6	14⊕20	
		外侧	436.80	6366.4	14⊕18	
	EA2(偶)/OA4(奇)	内侧	927.36	8865.6	14⊕25	
		外侧			14⊕20	
	EA3(偶)/OA3(奇)	内侧	788.74	8227.2	7⊕22+7⊕20	
		外侧	335.42	6619.2	14⊕18	
	EA4(偶)/OA2(奇)	内侧			14⊕18	
		外侧	1016.26	5723.0	8⊕28+6⊕25	
	EA5(偶)/OA1(奇)	内侧	758.59	4073.6	14⊕20	
		外侧	894.34	5120.0	14⊕25	

续上表

断面	管片分块	位置	最大弯矩（kN·m/m）	最大弯矩处轴力（kN/m）	配筋	裂缝（mm）
深埋	EK（偶）/OK（奇）	内侧	221.57	2604.8	14⏀20	
		外侧	346.18	2982.4	14⏀18	
	EB1（偶）/OB2（奇）	内侧			14⏀18	
		外侧	713.66	3699.2	8⏀25+6⏀22	
	EB2（偶）/OB1（奇）	内侧	537.98	2753.6	14⏀22	0.088
		外侧			14⏀18	
	EA1（偶）/OA5（奇）	内侧	105.60	4992.0	14⏀18	
		外侧	259.39	4113.6	14⏀18	
	EA2（偶）/OA4（奇）	内侧	580.22	5960.0	7⏀22+7⏀20	
		外侧			14⏀18	
	EA3（偶）/OA3（奇）	内侧	494.40	5496.0	14⏀18	
		外侧	187.16	4296.0	14⏀18	
	EA4（偶）/OA2（奇）	内侧			14⏀18	
		外侧	713.66	3697.6	14⏀22	
	EA5（偶）/OA1（奇）	内侧	505.54	2622.4	14⏀20	
		外侧	610.94	3310.4	7⏀22+7⏀20	

注：配筋计算时，主筋保护层厚度按《铁路混凝土结构耐久性设计规范》（TB 10005—2010）要求取30mm；考虑到管片计算轴力较实际轴力要大，管片配筋时轴力值取计算值的80%；经计算对比，管片配筋在满足正常使用极限状态配筋要求时（按照最大裂缝0.2mm控制配筋量），承载力极限状态配筋也满足要求。本计算表中未列出按承载力极限状态计算的配筋量。

3.5 管片厂选址与建设

3.5.1 资源配置

1）厂区布置

根据管片结构的设计及生产能力，在原有钢筋加工厂房的基础上，向后延长86m并与新建横向水养池厂房连通。扩建后管片生产厂房总计：长×宽＝165m×30m。该厂房分为两个车间，依照作业流程分别为钢筋加工车间、管片生产车间（图3-19）。其中，钢筋加工车间布置两台10t门式起重机，一台负责钢筋原材的卸车和车间内调转及钢筋加工车间内半成品、钢筋笼等的转运，另一台门式起重机负责钢筋笼的吊装；管片生产车间布置一台25t门式起重机，负责管片的起吊和转运。管片水养区布置一台16t门式起重机，负责管片的入池养护及出池转运。管片生产车间设置管片生产固定式振动台，长度46m，并在建厂初期预留蒸养管道接口及蒸养罩位置。

初步计划设置2t的蒸汽锅炉两座于办公生活区右侧靠近水养池的位置，一用一备。负责管片浇筑后的蒸养以及冬期施工时水养池保温及生活区的取暖。

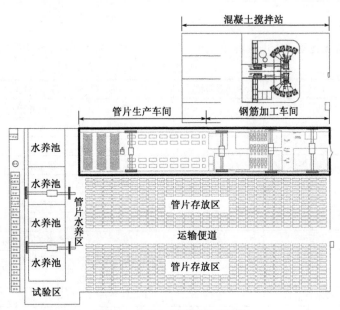

图 3-19 管片生产厂房平面示意图

2) 主要生产设备

机械设备配备见表 3-14。

管片生产设备配备表　　　　　　　　　　　　　表 3-14

序号	项目	设备名称	规格型号	单位	数量	备注
1	起重设备	门式起重机	MDG15T/30m,起升高度12.5m,单侧悬臂,轨道中心至悬臂末端长5.5m	台	1	管片水养区,司机室放置于无悬臂侧
2		门式起重机	MDG16T/29m,起升高度8m,单侧悬臂,悬臂长度6m	台	1	管片水养区,司机室放置于无悬臂侧
3		门式起重机	MD25T/25m,起升高度7m	台	1	管片蒸养区
4		门式起重机	MD15T/25m,起升高度7m	台	1	管片翻转区
5		门式起重机	MD10T/25m,起升高度7m	台	1	材料、钢筋加工、半成品堆放区
6		门式起重机	MD10T/25m,起升高度7m	台	1	材料、钢筋加工、半成品堆放区
7	锅炉	燃煤锅炉	蒸汽2t	台	2	管片养护(一用一备)
8	管片生产试验及配套设备	箱式变压器	10kV,800kVA	台	1	现场用电
9		发电机	500kVA	台	1	应急设备
10		螺杆式空气压缩机	$10m^3$,8bar	台	1	混凝土振捣
11		叉车	15t	台	2	管片搬运(一用一备)
12		液压翻转架	180°翻转	台	3	管片翻转、脱模翻转、水养池翻转、三环拼装翻转
13		管片抗弯试验台		台	1	管片试验
14		管片抗渗试验台		台	1	管片试验
15		三环拼装台		台	1	管片试验
16		管片模具		套	4	管片生产
17		平板车	满足10t载重要求	辆	2	混凝土浇筑
18		平板车	满足35t载重要求	辆	6	管片运输

3) 劳动力配置

劳动力配置情况见表3-15。

劳动力计划表 表3-15

序号	工种	人员数(人)	序号	工种	人员数(人)
1	钢筋下料	6	12	蒸汽养护	2
2	钢筋弯曲	6	13	脱模	4
3	钢筋弯弧	4	14	标记	1
4	钢筋焊接	10	15	管片修理	2
5	清模	4	16	桥、行吊	6
6	涂脱模油	2	17	管片运输	6
7	装钢筋笼	2	18	管片修补	2
8	装预埋件	4	19	质量检查及控制	4
9	混凝土浇筑	8	20	设备维修	6
10	光面	4	合计		83
11	拔销及盖布	2			

3.5.2 管片厂建设

1) 钢筋加工车间

钢筋车间主要是将检查合格的钢筋经过调直、切断、弯曲、弯弧、焊接等一系列操作后,制作成管片生产所用的合格钢筋笼。钢筋车间内机械设备多、用电量大,布置复杂且多变,可根据现场的实际情况灵活处理。

钢筋加工车间分为原材料堆放区、调直切断区、主筋弯弧弯箍区、钢筋弯曲区、半成品堆放区、螺旋筋加工区、成品加工区、成品堆放区等功能性区域。钢筋加工车间布置如图3-20所示。

2) 管片生产车间

整个管片生产车间采用钢筋混凝土结构硬化,如图3-21所示。基础采用20cm厚三七灰土整平压实处理,混凝土强度等级C20,硬化厚度20cm。

图3-20 钢筋加工车间布置

图3-21 主生产车间地面硬化中

混凝土浇筑蒸养区内共计4套32块管片模具及16套蒸养罩,并设置值班室、工具加工房、仓库等。4套管片模具沿厂房纵向平均分为4排分布,并在每排之间预留5m空间供混凝土平板运输车通行,如图 3-22 所示。在混凝土浇筑蒸养区的西南角布置仓库和工具加工房用于存放混凝土浇筑时所需附属构件。图 3-23 为管片静养区的吊装。

图 3-22　混凝土浇筑蒸养区布置

图 3-23　管片静养区吊装

3) 水养池

为了防止混凝土干缩裂纹的出现和有利于管片混凝土的后期强度的发展,必须对静养标识后的管片进行养护,选择水养池养护。水养池因是管片生产流程中必不可少的一部分,因此两台门式起重机(一台 15t、一台 16t)用于水养池的导入和运出。另外考虑水养池的冬期保温,采用一座 25m×25m 的活动保温棚屋用于冬期管片的保温。

经过计算和场地实际情况,水养池平面尺寸设置为 98m×24m,按照每天 8 环管片生产(水养池管片放置计算:连接块弦长为 4.986m,管片厚度为 0.5m,管片在水养池内立放,管片与管片之间需要留间隙,以便吊装管片,每块预留 0.3m,则每块管片所占长度 0.8m,每天按照生产 4 环管片,则管片水养共需长度 0.8×8×8=51.2m,而水养池容许存放管片总长度为 24.5×4×4=392m,可以满足天数 392/51.2=7.6d),满足管片水养 7d 的要求。

水养池垫层采用 C15 混凝土铺设,浇筑厚度 100mm。底板、条基和护壁均采用 C30 钢筋混凝土,其中底板厚度 200mm,护壁高 2200mm,厚度 300mm,条基尺寸 250mm×150mm,底板上部设计 4 组共计 12 条条形基础供水养池内管片的摆放,条基尺寸参数与蒸养区保持一致。图 3-24 为水养池护壁施作,图 3-25 为使用中的水养池。

图 3-24　水养池护壁施作

图 3-25　水养池使用中

4) 存放区

存放区位于管片生产车间西侧水养池南侧。存放区共分两处,中间留 8m 便道用于管片的存入和运出,如图 3-26 所示。生产的管片经过 7d 的水养后即可出池,由水养池内门式起重机吊起转运至平板运输车或叉车内倒运至管片存储区,由管片叉车归置于指定存放区域。

存放区的面积为 $165 \times 30 + 165 \times 32 = 10230 m^2$,设计每处间距 0.9m 计算,则每处占地面积为 $(5 + 0.9) \times (1.6 + 0.9) = 14.75 m^2$。按照每处存放 5 块管片计算,则可以存放管片数量 $(10230/14.75) \times 5/8 = 433$ 环。

其中,存放区地面硬化标准与主车间保持一致。

图 3-26 管片存放区

管片在达到 28d 终凝并且强度等级达到设计要求后方可出厂使用,管片出厂时由管片叉车依据出厂次序转至存放区运输便道内的管片平板运输车上,由平板运输车转运至施工现场。

5)试验区

管片抗弯试验、抗拔试验、抗渗试验和三环水平拼装试验。试验区位于水养池西侧,被水养池内门式起重机工作范围覆盖,如图 3-27 所示。根据所做试验器具占地要求,布置试验区面积为 $35 \times 15 = 525 m^2$,场地硬化标准与管片生产车间一致。

6)现场临时用电

现场临时用电采用电缆线供电,使用电缆从电源点变压器侧引入施工现场,并在施工区域内布置总配电箱→分配电箱→开关箱,实行三级配电,三级保护。电缆直埋敷设,进出配电房的电缆采用电缆沟敷设,并设警示标志。在电力接入后,变压器周围采用铁丝网或围挡围起,主电缆均采用钢管保护,电缆线埋入地下,深度不小于 600mm,在施工道路下的电缆必须采取刚性材料进行保护,防止大型机械压迫电缆。图 3-28 为管片厂全景。

图 3-27 管片试验区

图 3-28 管片厂全景

3.6 管片模具配备

本工程配备 4 套钢模具,模具尺寸均需达到表 3-16 的偏差要求才能用于管片生产。

管片钢模允许偏差表　　　　　　　　　　　　　表 3-16

序　号	项　目	单　位	允许偏差
1	宽度	mm	±0.4
2	弧度、弦长	mm	±0.4
3	厚度	mm	−1, +1

三环拼装试验验收合格后模具才能正式投入管片生产，否则须修整模具，重新浇注管片，拼装新的示范衬砌管片，并验收合格，得到批准后再正式投入管片生产。

为确保模具的质量，生产过程中应严格按相关的操作规程操作。

(1) 必须在螺纹类零件的螺纹部位涂上润滑油。

(2) 模具必须清扫干净。特别是模具的拼装部位及模具内腔的混凝土渣等必须完全清理干净，以保证模具的尺寸准确和操作顺利。

(3) 模具在开启和关闭时，绝对不能使垃圾灰尘进入底座、侧板、端板的拼接部位。

(4) 为了防止模具(特别是内面侧)划伤、变形，必须注意不能将重物放置或掉落在模具上。不能用锤子或撬棍敲击模具。

(5) 移动模具时，必须以组合的状态(用锁紧螺栓将侧板和端板紧固在一起的状态)用指定的专用吊具移动模具，尽量使模具在静止状态落地。

(6) 必须确认螺栓的松紧。

(7) 模具在混凝土的浇捣、养护、脱模工序期间必须在水平场所进行。

(8) 所有人员需经培训上岗以熟悉模具的使用。

(9) 每次浇筑混凝土前，须对模具进行例行检查。

对模具工作状态进行评价。包括模具内面是否划伤、有无附属品，各零件有无缺失或划伤。及时修复才能进行混凝土浇筑。

(10) 每套模具使用 100 次后，需进行全面的检测，以保证模具的精度要求。

检测项目包括：模具宽度尺寸、圆弧长度、高度尺寸；模具内部是否产生影响精度的损伤；模具各零件有无损伤或缺失。针对以上项目出现的问题进行解决后，才可批准模具重新投入生产。

检测方法：对管片成品进行检测时，如发现由模具引起的缺陷，马上对相应的模具进行检测、校核。通过对成品的定期检测、三环拼装数据反馈，监测模具的精度状态，建立对模具精度的动态跟踪。

(11) 模具的保养。

① 使用模具后，铲掉灰渣并清扫干净，除去模具内的水分等，用润滑油等进行防锈处理。

② 模具保管场所必须避开雨水和有潮气的地方，且模具必须水平放置。

3.7　管 片 制 造

3.7.1　主要原材料

1) 水泥

技术标准：《通用硅酸盐水泥》(GB 175—2007)。

材料名称：Ⅱ型硅酸盐水泥，代号 PⅡ。
标号：硅酸盐水泥 P.O 42.5。
主要技术指标：
(1) 硅酸盐水泥 80μm 方孔筛筛余不大于 10%；
(2) 硅酸盐水泥初凝时间不早于 45min，终凝时间不迟于 390min；
(3) 用沸煮法进行安定性检验必须合格；
(4) 抗折强度 3d 不得低于 4.0MPa，28d 不得低于 6.5MPa；
(5) 抗压强度 3d 不得低于 22.0MPa，28d 不得低于 42.5MPa；
(6) 进货验收批量：不大于 300t，并附有质量证明书。

2) 粉煤灰
技术标准：《用于水泥和混凝土中的粉煤灰》(GB/T 1596—2005)。
规格：F 类 Ⅰ 级。
主要技术指标：
(1) 细度≤25；需水量比≤105%；烧失量≤8%；含水率≤1.0%；三氧化硫≤3.0%；游离氧化钙≤1.0%；
(2) 验收批量：不大于 200t。

3) 细骨料
技术标准：《普通混凝土用砂、石质量及检验方法标准》(JGJ 52—2006)。
产源：河砂。
规格：中砂，细度模数 $m_x = 2.3 \sim 3.0$。
主要技术指标：
(1) 含泥量≤2.0%；泥块含量≤1.0%；
(2) 验收批量：不大于 400m³ 或 600t。

4) 粗骨料
执行标准：《普通混凝土用砂、石质量及检验方法标准》(JGJ 52—2006)。
材质：花岗岩。
规格：连续粒级 5~25mm。
主要技术指标：
(1) 含泥量≤1.0%，针、片状颗粒含量≤15%，压碎指标值≤12%；
(2) 验收批量：不大于 400m³ 或 600t。

5) 钢材
本工程管片钢筋采用热轧光圆钢筋和热轧带肋钢筋。
技术标准：《钢筋混凝土用钢 第 1 部分：热轧光圆钢筋》(GB 1499.1—2008)、《钢筋混凝土用钢 第 2 部分：热轧带肋钢筋》(GB 1499.2—2007)。
表面形状：光圆、月牙肋。
强度等级代号：HPB300、HRB400。
主要技术指标：

(1)其中 HPB300 屈服强度不小于 300MPa,抗拉强度不小于 420MPa,伸长率不小于 25%,180 度冷弯检验,受弯曲部位外表面不得产生裂纹;HRB400 屈服强度不小于 400MPa,抗拉强度不小于 540MPa,伸长率不小于 16%,180 度冷弯检验,受弯曲部位外表面不得产生裂纹。

(2)进货验收批量:每批质量不大于 60t,钢筋分批验收,同一炉批号、同一截面尺寸为一批,并附有质量证明书。

6)减水剂

技术标准:《混凝土外加剂》(GB 8076—2008);

名称:聚羧酸高性能减水剂;

品质:一等品;

主要技术指标:

(1)减水率不少于 12%;泌水率不大于 90%;

(2)进货验收:生产厂提供性能检验合格证。

7)预埋件技术要求

按设计图纸要求委托专业供应商进行加工生产,供方提供出厂合格证。进仓时进行抽检,杜绝不合格品投入生产使用。

3.7.2　马蹄形盾构管片生产工艺

管片生产施工工艺流程如图 3-29 所示。

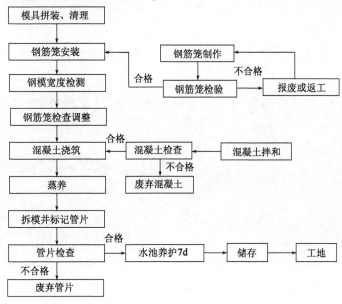

图 3-29　管片生产施工工艺流程图

(1)管片钢筋笼在钢筋车间内加工,如图 3-30 所示。成品通过门式起重机吊运至管片生产车间。

(2)采用管片模具固定,混凝土通过混凝土平板运输车配合门式起重机移动混凝土吊斗就位浇筑混凝土方式生产。图 3-31 为管片模具清理,图 3-32 为管片钢筋笼入模。

图3-30 管片钢筋笼加工

图3-31 管片模具清理

图3-32 管片钢筋笼入模

(3)管片浇筑混凝土采用插入式振棒配合管片模具振动台振捣成型,如图3-33、图3-34所示。

图3-33 管片混凝土浇筑

图3-34 管片混凝土收面

(4)混凝土初凝后采用蒸汽养护(根据当时气温、湿度及蒸养试件的实测抗压强度确定蒸养时间及温度,养护温度45~60℃,时间2h;然后降温养护,温度变化率不超过15℃);当强度达到预定值(设计强度的60%以上)后可开模起吊。混凝土管片利用专用起吊孔和管片夹具脱模,再经翻片机翻转后经输送轨道运至养护池,水池养护不少于7d。管片养护如图3-35~图3-38所示。

图 3-35 管片静养

图 3-36 管片水养

图 3-37 管片蒸养

图 3-38 管片脱模

(5)管片养护完毕即转至堆放场堆放,待达到 28d 龄期后,经检验合格就可通过平板车运输到盾构施工现场使用,如图 3-39～图 3-41 所示。

按照规范及设计要求,已经完成模具检测、三环试拼装、抗渗、抗弯、抗拔试验,各项试验参数均满足规范及设计要求。

3.7.3 成型管片裂纹处理技术

白城隧道管片生产过程中初期内外表面存在裂缝(图 3-42),尤其管片内表面手孔位置裂缝数量多及裂缝长度较长的问题频繁出现。

图 3-39 管片存放

图 3-40 管片运输

图 3-41 现场管片场地

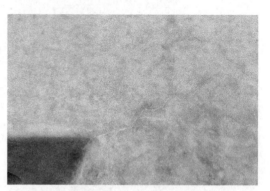

图 3-42 管片表面裂纹

根据以往施工经验,管片表面裂缝较易出现的位置应该为外弧面。出现问题的原因大多为:

(1)混凝土和易性差;

(2)表面失水过快;

(3)收面不及时;

(4)收面之后蒸养温度及时间控制不当等。

这些问题在施工的过程中通过对管片混凝土搅拌以及浇筑工序的严格把关都是可以避免的。但是管片侧面及内弧面出现裂缝的问题实属不常见,经过初期对混凝土生产工艺的严格把关,严格控制了管片施工工艺,生产过程中浇筑、收面、静停、蒸养温度及蒸养时间、降温速率及脱模时间全部按照管片混凝土蒸汽养护规程执行,但随后发现,裂缝问题虽有所缓解但是仍然存在,而且脱模之后立即就会发现裂缝。针对此问题成立质量控制(QC)小组,改进措施如下:

(1)原材料。混凝土原材料未严格按照管片施工方案进行配料,粗骨料含量过少。方案要求碎石粒径范围为 8~25mm,但是在对浇筑管片用的混凝土进行检查后发现,大粒径碎石含量较少。且对原材料堆场进行查看后发现浇筑管片用混凝土粗骨料粒径集中于为 10~20mm,未满足方案要求。

采取的措施:严格按照方案要求原材料进行混凝土搅拌作业。

（2）搅拌站机械配备老化。搅拌叶片老化磨损，无法将混凝土原材料搅拌均匀，导致管片局部粗骨料细骨料集中出现，虽有附着式振捣器振捣，但已无法将混凝土振捣均匀。采取的措施：更换搅拌叶片。

（3）脱模强度不够。经蒸养试块压实测定，管片经蒸养后脱模的时候，强度很少有达到满足脱模强度的 10MPa，但蒸养时间已满足养护规程要求。采取的措施：

①为满足生产周期要求，在不影响混凝土配合比要求的前提下，掺入少量早强剂；

②增加蒸汽养护时间，减缓脱模时间，在满足脱模强度后进行脱模，再次检查裂缝问题。

经以上措施实施后，管片表面裂纹情况得到了明显好转，后期基本消除。

3.7.4 三环拼装技术研究

白城隧道三环拼装历时 4d。拼装期间因管片体积大且不规则等原因给拼装造成了一定困难，具体如下：

（1）马蹄形管片因成环后呈马蹄形而得名，因此不同于常规盾构管片仅仅只有一个圆心，马蹄形管片有 3 种半径 4 个位置各不相同的圆心，这给首块管片定位造成了很大困难。因此在前期的定位过程中，测量组采取多种方法测量及复核，最终确定首环拼装的每一块管片的具体位置。并在安装定位过程中实时测量管片位置是否在允许位置上，确保拼装作业不返工。

（2）由于马蹄形管片呈不规则形状且每块管片的形状均不同，因此在吊具吊起后管片无法处于绝对垂直状态且偏转的角度各不相同，这给管片与管片之间的连接造成了极大困难。针对此种情况，专门加工用于纠正管片位置的夹具及小型液压千斤顶。并在管片与管片对接前期，首先连接一端螺栓再进行另一端未连接螺栓的纠偏作业，通过以上方式使得原本很难拼接的管片得以有效连接。图 3-43 为三环拼装效果。

图 3-43 三环拼装效果

第4章　大断面马蹄形盾构始发与接收技术

4.1　盾构场地准备

盾构施工一般需进行隧道端头地层加固，包括1个始发端头和1个到达端头，本工程端头隧道范围主要为细砂和砂质新黄土等不稳定地层。为保证盾构始发、到达和盾构机组装的安全，盾构始发采用长大管棚，辅以喷浆进行加固。加固隧道范围为始发端外纵向长度30m。

1）布置原则

施工场地布置以满足施工生产和现场管理为主，尽量减少对道路交通以及当地百姓的干扰，并符合以下要求：

(1) 根据路基施工单位提供场地情况，方便施工组织。

(2) 土压平衡盾构所需场地相比原矿山法隧道要求更高，结合场地情况，生活、生产区域分开部署，在满足施工的前提下保证生活方便。

(3) 经济合理、简洁美观，有利于安全生产。

(4) 合理规划场地，突出企业文化，展现企业风貌。

(5) 严格遵守业主及当地有关部门的要求、规定。

2）场地布置

根据现场提供施工场地的条件，本标段施工分为三段，分别为进口明洞段、盾构掘进段和出口明洞段。结合总体施工组织安排，盾构隧道施工计划在进口始发，盾构区间场地布设在进口明洞段。

3）临时工程

(1) 临时工程施工及部署

临时工程施工及部署严格遵守相关规定，按照整洁、美观、适用、经济原则进行场地布置和修建各种临时工程，并切实做好场地围挡、场地排水、场区硬化及生活、生产用房、用电、用水等工作。

(2) 施工便道

盾构机运输和盾构始发场地的施工便道，在施工时需要进行开挖平整然后与原有道路顺接硬化。考虑到盾构施工时大件设备的运输。施工便道设计为 6m 宽,路基宽 7m;路面采用 C20 混凝土,厚度为 30cm,并与外部城市道路顺接。

4.2 盾构机现场组装及调试

本次盾构始发明洞施工段作为盾构始发场地(始发场地大小为:60m×16m)。施工前盾构机需在明洞未施工段进行组装。盾构机主要由 31 台分设备组成,其中部分设备大而重,根据盾构机各设备重量及尺寸以及各设备翻身吊装的要求,结合设备制造单位以往盾构机的吊装经验,本次盾构机吊装采用 230t 门式起重机作为盾构机主体的主力吊装、250t 履带式起重机辅助配合的方式。为保证盾构机快速优质安全组装,特编制组装专项方案。

根据明洞结构空间,盾构机采用后配套拖车与主机分别组装、整体调试。总体上按照:主机大件组装,拼装机组装、螺旋输送机组装,后配套拖车在明洞口组装成组,拖车组装顺序按连接桥→1 号→2 号→3 号→4 号→5 号→6 号,再到主机与后配套连接,管线安装,最后调试始发掘进的顺序进行。

1)现场组装总体方案

现场组装的总体步骤如下所述。

(1)主机组装顺序

前盾下部→中盾下部→前盾上部→米字梁→盾构内管线、走台、人舱等部件→中盾左、右部→盾尾下部→拼装机→螺旋输送机→中盾上部→刀盘→盾尾上部。

(2)后配套组装顺序

设备桥组装→1 号拖车组装→2 号拖车组装→3 号拖车组装→4 号拖车整组装→5 号拖车组装→6 号拖车组装→整组拖车连接。

(3)主机与后配套连接

整组拖车前移→设备桥与主机间的电气、液压管线连接→调试。

2)组装流程

盾构机组装、调试工艺流程如图 4-1 所示。

本次进行整体始发。此次整体始发下拖车由前向后下井,即先下盾体,再下螺旋输送机→1 号拖车→……→6 号拖车。

3)现场调试

项目组制定了盾构现场调试方案,对液压和电气等关键部件进行压力设定及功能检测。调试主要内容如下所述。

(1)刀盘驱动系统调试:正转、反转功能、最大速度、速度调节等是否正常。

(2)管片拼装机测试:自由度、行走速度及行程、旋转角度、速度、管片抓取能力等。

(3)螺旋输送机系统调试:闸门开关、伸缩、后闸门开关、螺旋输送机润滑、左右旋转、转速、压力显示等。

(4)推进液压缸测试:阀组功能、各液压缸拼装模式及推进模式测试、分区液压缸测试机形成测试。

(5) 管片小车及管片吊机功能调试。
(6) 盾尾油脂功能测试：注浆能力、注入点压力流量等。
(7) 膨润土注入系统测试。
(8) 风机测试。
(9) 导向系统测试。
(10) 供水、供气、润滑系统测试。

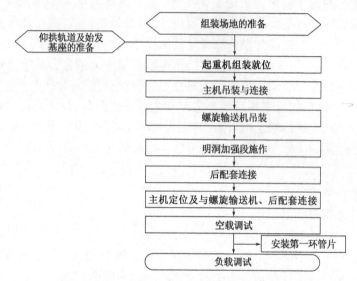

图 4-1　盾构组装、调试工艺流程图

4.3　盾构始发工艺

1) 端头加固

原人工钻爆法已对端头向大里程方向采用大管棚加固。本工程进洞地层情况为：隧道范围内为砂质新黄土，原状土稳定性较好，地表约 3m 为细砂层。本次进洞为大断面异形盾构始发，在始发掘进时，通过洞门密封装置及掘进过程中的保压措施，可保证洞顶地层稳定，无须再进行端头加固施工。

针对已施作的大管棚，需采取人工方式探测水平范围及深度，保证大管棚不侵入隧道净空。

2) 始发基座安设

盾构机组装前，依据隧道设计轴线、洞门位置、盾构机的尺寸及门式起重机吊装盲区，反推出始发基座的空间位置为 DK206+567.4 开始施作，向大里程方向 25.4m，始发基座终点里程 DK206+592.8。

始发基座安装位置按照测量放样的基线定位施工，基座上的轨道按实测洞门中心居中对称放置。盾构始发基座采用 C30 钢筋混凝土结构，主要承受盾构机的重力荷载和推进时的摩擦阻力，结构设计还需考虑盾构推进时的便捷和结构受力。由于盾构主机组装完成后重达985t，所以始发基座必须具有足够的刚度、强度和稳定性。在盾构机主机组装时，在始发基座的轨道上涂硬质润滑油以减小盾构机在始发基座上向前推进时的摩擦阻力。

盾构在组装时，结构设计还需考虑盾构向前移动施工的便捷和结构受力。该盾构始发基座底部连接在一起组成整体结构。在始发基座上设置3根120kg/m钢轨作为盾构机导向轨道，底部导轨居中，上部两根钢轨距中心4.8m。基座施工时，通过与底板植筋进行加固，保证始发基座与底板结构成为整体。在盾构进入始发导洞的过程中，防止盾构刀盘下沉，在洞门导洞中铺设3根导轨，导轨与始发导洞内导轨相连，并要焊接牢固，防止盾构掘进时将其破坏，而影响盾构的正常掘进。导轨位置以始发基座滑轨延伸对应的位置为准。

由于盾构机较重，盾体放置于始发基座上后不能随意前后移动，盾尾与中盾需要焊接，故在盾尾与中盾连接处，预留宽800mm，高700mm的盾尾焊接槽，焊接槽处不设置导向钢轨，且在焊接槽前方的导轨打斜坡口处理。

始发基座全长24m，宽16m，始发基座两侧高3m。始发基座的结构如图4-2~图4-5所示。

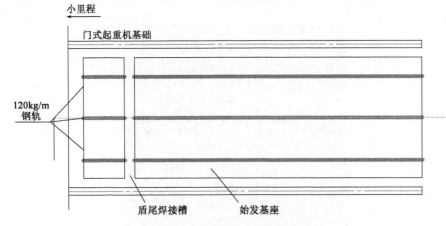

图4-2 始发基座平面结构示意图

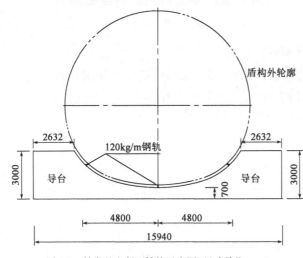

图4-3 始发基座断面结构示意图(尺寸单位：mm)

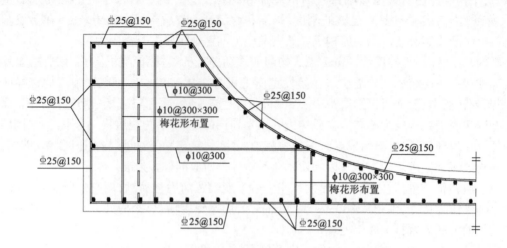

图 4-4 始发基座配筋示意图(尺寸单位:mm)

图 4-5 始发基座现场

3)反力架支撑系统安设

根据现场施工条件及组装场地布局,盾构的反力由明洞提供。明洞加强段提供盾构机推进时所需的反力,盾构始发时,推力主要集中在下半部。明洞加强段与盾构主机位置如图 4-6 所示。图 4-7 所示为管片与反力明洞合龙施工。

4)洞门密封装置安装

在套拱向小里程方向,施作 13.5m 长始发导洞,拱架内径为 6.195m,即在开挖轮廓线外 15.5cm。始发导洞大里程与套拱连接,小里程进洞端焊接预埋钢环,保证盾构在通过拱架区时呈密封状态,如图 4-8 所示。

拱架内径为 12390mm,即在开挖轮廓线外 155mm,距管片外径 340mm,在管片脱出盾尾后,按照要求进行洞门的密封,即将管片与套拱之间的缝隙进行封闭。

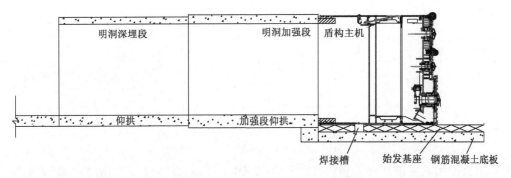

图 4-6　明洞加强段与盾构主机位置示意图

图 4-7　管片与反力明洞合龙施工

图 4-8　洞门预埋钢环

使用 1mm 钢板封闭盾构导洞拱架与管片之间缝隙，钢板分块制作好，精确定位后焊接在导洞拱架上，同时在拱架内安设支撑，防止在喷浆或者同步注浆时，封闭块发生变形，钢板必须牢固地嵌入喷浆料且单面紧靠拱架，浇筑混凝土或砂浆填筑时不得松动而影响使用，如图 4-9 所示。在施作过程中钢环位置的纵向偏差为 3mm，低于标准偏差 5mm。

5）盾构始发掘进参数控制

根据始发场地的长度及设计洞口的宽度，确定需要在导台上拼装的管片数量。盾构机经调试验收确认正常、明洞加强段施作完毕及其他准备工作（洞门加固、管路连接）全部完成后，进行初始掘进、管片拼装。管片拼装第一环必须注意断面的精度、与隧道轴线的垂直度，为整环拼装做准备。

一般情况下，第一环管片在盾壳内的正常安装位置进行拼装。在安装第一环管片之前，为保证第一环管片不破坏盾构机尾部的密封刷及第一环管片在拼装好后能顺利向后推行，在盾壳内安设厚度不小于盾尾间隙的槽钢，以使管片在盾壳内的位置得到保证。

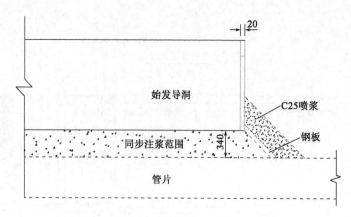

图 4-9　密封装置示意图(尺寸单位:mm)

本工程使用的为中铁装备集团有限公司(简称"中铁装备")设计、制造的大断面马蹄形盾构机,实际盾尾间隙为 45mm,盾尾刷保护板厚 20mm,盾尾总间隙为 65mm,采用 2m 长[8 槽钢(高度 80mm)双拼后点焊至盾尾内弧面,基本与盾尾间隙相吻合。待盾尾完全进入原状土后取出,进入正常安装模式。

盾构机位于始发台上时尽量不要进行姿态调整,盾尾离开始发台后盾构机已处于相对自由的状态,一般通过盾构推进千斤顶的合理选用来调整盾构姿态,必要时可通过调整管片楔形量来调整,以使盾构逐步沿隧道设计轴线推进。

整个盾构掘进过程中,纠偏按照"勤纠、量小"的原则,每环姿态调整量控制在 6mm 以内;盾构中线偏离设计中线不大于 ±50mm,地面隆陷控制在 +10~ -30mm。

在始发掘进时,严格控制盾构机的各组液压缸的压力,盾构机总推力小于 50000kN,刀盘扭矩(总)小于 3500kN·m。

始发时在始发基座上推进速度控制在 20~30mm/min,盾构进入原状土前 12m 推进速度控制在 20~30mm/min,在盾构机盾尾完全进入原状土后可逐步提高到 30~40mm/min。

6)始发总结

(1)经济效益

①节省了反力架的制作与安装费用。

考虑本工程不同于常规地铁盾构在车站内始发的特殊性,本工程由 2 模 C40 加强明洞结构代替常规地铁所使用的盾构始发专用反力架提供反力,明洞仰拱连通。盾构机最大推力 140800kN,22 组液压缸撑靴总面积为 10.34m²,则接触面承受最大抗压强度为 13.6MPa,小于管片和明洞抗压强度,完全满足盾构始发掘进最大推力 25000kN 要求。此种始发方式不但节省了反力架的费用,同时规避了在使用反力架的情况下反力架本身不易有效固定的难题。

②节省了竖井、始发端墙的施作及负环拆除的费用。

本工程开工伊始拟采用常规市政地铁的竖井吊入盾构机组装始发的方式,但考虑始发端埋深较深,竖井施作难度较大,且即使竖井施作完成,因马蹄形盾构机盾体重量过大,在如此高的竖井上进行吊装作业风险极大。故从成本及安全方面考虑,取消竖井的施作且在盾构空推面采用永久性负环管片拼装(常规地铁负环管片后期需拆除),同时为避免洞门土体失稳,采用套拱配合洞门密封的方式进行始发,大大节约了施工成本。

如采用竖井始发方案需 C50 混凝土 288m³,C35 混凝土 910m³,钢筋 190 t。单材料成本需要近 115 万元,考虑工法成本,明洞支反力始发较竖井始发方案节约成本约 130 万元。

(2)社会效益

①填补国内外异形盾构机在公路铁路隧道上施工的空白,同时提高隧道施工的机械化水平,减少人员施工风险,降低劳动成本,引领盾构法和新一代盾构向更多的领域发展。

②形成具有我国自主知识产权的超大异形盾构施工始发技术。

通过对始发端头加固、始发基座安设、反力架支撑系统安设、洞门密封装置安装、盾构始发参数优化进行探索与试验,在试掘进期间通过对掘进参数进行优化,白城隧道盾构区间始发掘进过程中,安全、快速地圆满完成了大断面马蹄形盾构始发进洞任务。另外参建单位在结合现场施工的基础上,通过加强优化掘进参数、缩短掘进循环时间、调整各项施工工序的有效衔接,得到了一整套盾构在砂质新黄土地层中掘进的技术参数,为后期盾构的正常掘进提供了强有力的参考依据。

4.4 盾构接收

盾构接收工艺流程如图 4-10 所示。

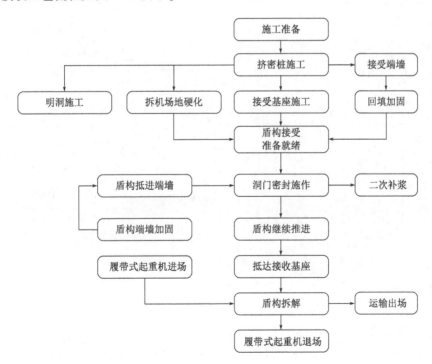

图 4-10 盾构接收工艺流程图

盾构接收主要内容包括:接收前场地准备、施作盾构接收基座及接收端墙、接收端墙背后回填加固、接收区域场地及便道硬化、洞门处理、管片与钢环间隙处理、盾构机抵达接收基座等,盾构拆机过程中具体的盾构拆解、吊卸、装车倒运等。

(1) 场地准备

包括场地平整、路堑段开挖、路基和结构施工、场地清理和设备就绪等,做好盾构接收的场地准备工作。

(2) 接收基座及接收端墙

盾构机接收前,依据隧道设计轴线、既有仰坡位置、盾构机的尺寸及管片拼出接收挡墙距离,然后反推出接收基座的位置。

接收基座安装位置按照测量放样的基线定位施工,基座上的轨道按实测洞门中心居中对称放置。接收基座必须具有足够的刚度、强度和稳定性。在盾构机主机即将抵达接收基座时,在接收基座的轨道上涂硬质润滑油以减小盾构机在接收基座上向前推进时的摩擦阻力。

当盾构抵达接收端墙后,在接收基座上设置3根钢轨作为盾构机接收期间的导向轨道,底部导轨居中,上部两根钢轨距中心4.8m。基座施工时,通过与底板植筋进行加固,保证接收基座与底板结构成为整体。在盾构机进入洞门钢环的过程中,防止盾构刀盘下沉,在洞门导洞中铺设3根导轨,导轨与接收基座导轨相连,并要焊接牢固,防止盾构掘进时将其破坏,而影响盾构机的正常到达。导轨位置以接收基座滑轨延伸对应的位置为准。由于盾构机较重,抵达接收基座上时要严格控制主机位置,盾尾与中盾因属焊接连接结构,拆机时需要切割处理,故在盾尾与中盾连接处,预留宽1000mm、高700mm的盾尾切割槽,切割槽处不设置导向钢轨,且在切割槽前方的导轨打斜坡口处理,如图4-11所示。

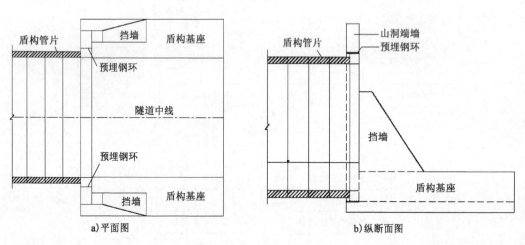

图4-11 接收端墙及基座示意图

(3) 接收套拱

接收端墙施作完成后,其与背后仰坡存在近11m需回填区域,为防止盾构接收期间因盾构埋深浅造成顶面垮塌现象,在端墙位置向小里程方向,施作套拱并覆土回填以确保出洞安全,套拱采用C35钢筋混凝土衬砌,厚70cm,套拱断面满足盾构机出洞空间要求。

(4) 端头加固

盾构隧道出口位置埋深较浅,为保证盾构接收期间顶层土体稳定不发生垮塌现象,必须对接收端进行加固。出洞加固采用水泥土搅拌桩加固,如图4-12所示。

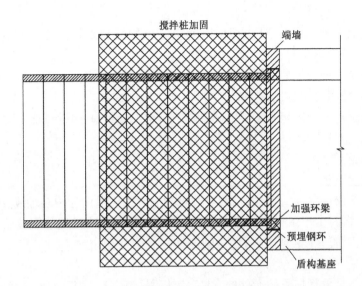

图 4-12 接收端头加固平面示意图

(5) 配套设备及接收准备工作

盾构机在白城隧道出口到达后拆机。拆机方式采用两台履带式起重机配合主机拆解翻身,履带式起重机规格分别为 600t 和 300t。在盾构机到达接收基座前,需提前做好拆机场地的硬化及履带式起重机的组装工作。

(6) 盾构机进入加固地层的掘进

当盾构机进入接收端加固地层后,因地层埋深较浅且加固土体与正常掘进段大不相同,为了更好地掌握盾构的各类参数,应对推进参数进行调整并密切关注地面变形与施工参数之间的关系,同时对推进时的各项技术数据进行采集、统计、分析,争取在较短时间内掌握盾构机械设备调整后的操作性能,确定盾构推进的施工参数设定范围。

(7) 土仓压力

盾构到达加固区时,刀盘直接切削盾构掘进范围内的加固土体。根据以往的盾构接收经验,盾构在切削加固土体时,为更好地稳定周围土体,必须时刻保持土仓压力的正确建立。

(8) 推进速度及推进力

盾构进入加固土体前 12m 推进速度控制在 20～30mm/min,盾构进入加固土体后推进速度控制在 5～10mm/min 范围内并密切关注刀盘周围土体变化并对推进速度做相应调整直至刀盘出洞。

盾构正常段掘进时:推力不超过 50000kN;

盾构进入加固区时:推力不超过 70000kN。

(9) 渣土改良与出渣量控制

①在接收期间掘进时,根据地质情况并结合正常段掘进期间的施工经验对渣土进行良好的改良和出渣量控制。

②通过采用水或膨润土作为改良剂,进行室内土工试验,得出膨润土的最优膨化浓度和最

优膨化时间或最优加水量。

③通过对比渣土经不同配合比的膨润土泥浆或不同添加水量改良前后的抗剪强度、渗透性及坍落度,得到合理的膨润土浓度或水的掺入比。

④应时刻关注渣土含水率及含砂量的变化,根据实际加水量,计算出地层中原状土的含水率,保证添加水或膨润土来改良渣土的准确性。

⑤在盾构掘进至加固区施工中,严格控制每一环出土量,做到尽可能不出现超挖现象,保障土体的稳定。

(10) 盾构姿态控制

①盾构接收时姿态

本项目盾构机铰接角度为零,盾构推进中心轴线位于隧道设计中心轴线,即处于盾构接收路径的延长线上,同时由于盾构机刀盘及前盾较重,且接收端轴线处于下坡状态,接收过程中极可能出现盾构机"低头"的情况,盾构机的接收姿态宜适当"抬头"。

②贯通前测量

盾构贯通前测量是复核盾构所处的方位、确认盾构姿态、评估盾构接收时的姿态和拟定盾构接收段的施工轴线、推进坡度的控制值和接收方案的重要依据,从而为盾构在此阶段的施工中以良好的姿态接收提供依据。

③盾构通过加固区期间姿态复核、控制

在盾构开始接收前,根据贯通前测量的数据对接收端墙处洞门钢环中心高程、平面位置及盾构姿态进行复测,以便调整盾构接收的推进轴线,保证盾构顺利通过加固区,准确抵达洞门端墙预埋钢环。

盾构抵达接收端墙前基本沿预定接收路径直线前进,必要时可通过对推进千斤顶的选择来对盾构姿态做微量调整,以"慢速、低压"为推进原则,以确保盾构姿态的稳定。

④盾构接近接收基座前姿态控制

盾构刀盘推出端墙即将抵达接收基座支撑轨枕前,测量组及时复核主机轴线与接收基座平行度,尽量控制盾构主机与接收支撑钢轨保持顺直,为主机抵达接收基座后更好地在基座钢轨上向前顺利平移提供便利条件。

(11) 加固区同步注浆

盾构进入加固区前,应提前检修注浆设备及各个管路,保障盾构在加固区掘进期间注浆设备正常运转。隧道内运输车及地面上的拌浆系统要定期进行清洗,清洗时间控制在每班一次。由于盾构工作面的注浆管路清洗等原因将形成一定的废浆,对工作环境造成污染,要采用编织袋将废浆集中处理后运输到隧道外。

同步注浆与盾构掘进同时进行,在盾构向前推进盾尾空隙形成的同时进行,采用四泵八管路(八注入点)对称进行同步注浆。盾尾进入接收端加固区后,开始调整注浆参数。在同步注浆的过程中,设定额定的注浆压力,当注浆压力达到设定值,注浆量达到理论注浆量的85%以上时,即可认为同步注浆完成。为稳定周围土体,需时刻检查管片壁后注浆饱满度。

(12) 加固区二次补强注浆

施工时根据地表沉降监测反馈信息,结合出渣量和开孔探测管片衬砌背后有无空洞的方法，综合判断是否需要进行二次注浆。

二次注浆采用双液浆作为注浆材料，能对同步注浆起到进一步补充和加强作用。同样是达到设计注浆压力则结束注浆，视注浆效果可再次进行注浆。

(13) 洞门凿除

当盾构刀盘逐渐靠近洞门时，要在端墙预埋钢环范围内开设观察孔加强对端墙背后土体的观测，并根据观察实际情况调整推进过程中的平衡压力值。根据盾构掘进情况及接收工艺要求确定开始凿除洞门时间，以使盾构快速顺利接收，减少施工风险。

洞门凿除首先在接收基座上的洞门钢环范围内搭设钢制脚手架。为满足人员操作要求，脚手架拟采用钢管每隔2m进行搭设，在接收基座内生根并与两侧接收挡墙搭设为一个整体，脚手架需下部垫实，两侧与挡墙连接紧固，横撑上面均铺设木板并与横撑固定。在洞门上中下均匀分布5个观察孔，随时观察端墙背后土体状况，当刀盘距离端墙50cm时，盾构操作手要将土仓压力降至0，然后立即采取粉碎性凿除的方式凿除钢环范围内30cm厚素混凝土。凿除工序采取自上而下，随凿随清的方式。洞门凿除工作要连续施工，尽量缩短作业时间，减少正面土体的流失量。整个作业过程中，加强各项监控及安全管理工作，由专职安全员进行全过程监督，提高接收洞门处地面的沉降监测和洞口处的土体变化情况，并做好各项信息的传达，杜绝各项安全隐患，确保人身安全。

(14) 盾构一次接收

当洞门处混凝土凿除并清理干净后，应立即进行脚手架拆除作业，并在最短的时间内顶推盾构。同时为防止同步浆液沿着盾壳从刀盘处向前流窜，需停止同步浆液的压注。在刀盘至基座延伸导轨前停止刀盘旋转，在盾构推进的过程中，需密切关注盾构机姿态，防止出现"磕头"现象，同时为确保盾构主机万无一失地爬上延伸导轨，延伸导轨需沿着盾构掘进方向切割出一个上坡的豁口。

当盾尾距洞口约1.2m时，完成第一次出洞，盾构机停止推进，开始在洞门钢环与盾构外壳之间空隙采用段焊方式焊接整圈弧形钢板对洞圈进行封堵，并把预留有注浆管的钢板焊在相应的位置，钢板与盾壳、钢环间的缝隙用速凝水泥填充。在封堵完成后，对加固区内的管片外建筑空隙进行注浆，离盾尾3环处压注双液水泥浆或直接在盾尾采取同步注浆配合AB液的方式进行填充，注浆量根据建筑空隙及地面沉降情况综合评定。

(15) 盾构二次接收

补压浆工作结束后，开孔检查浆液凝固效果。待浆液基本凝固后，盾构开始进行第二次接收。盾构机爬上接收基座导轨后继续推进，待盾尾完全露出接收端墙后，立即用1mm钢板用于封闭盾构洞门钢环与管片之间缝隙，钢板分块制作好，精确定位后焊接在洞门钢环上，钢板在洞门钢环处焊接均采取满焊，在焊接结束后，及时用早强浆液对管片与洞门钢环处的建筑空隙进行填充，以减少水土流失及管片下沉。

本项目考虑接收挡墙位置与明洞外模板台车形成干扰，特将接收基座长度延长5m（接收挡墙的长度）。将管片直接拼出接收端墙范围内，同时盾尾切割槽预留位置相应向前延伸5m，焊接槽深80cm、宽80cm。直到盾构主机顶推至指定位置后，整个接收工作完成，如图4-13所示。

图4-13 马蹄形盾构机精准出洞

4.5 盾构机拆除

4.5.1 盾构机拆解吊装

盾构机到达指定吊装位置、吊装设备经过验收合格后，方可进行盾构机的拆解吊装工作。在盾构机拆解前，先要将盾构机各系统管线进行标识，然后再断开各管线的连接，所有管路全部用堵头封堵，电缆接头防潮防护。将连接桥用钢支撑工装支撑牢固，后配套与主机之间管线断开后，由值班工程师仔细检查，确认无误后，将后配套拖车向隧道内移动，准备进行主机的吊装工作。盾构机的拆解吊装工艺流程如图4-14所示。

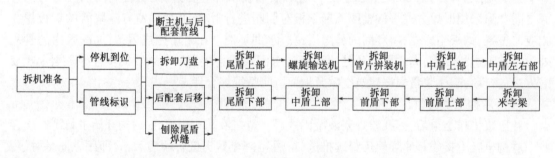

图4-14 拆解吊装工艺流程图

4.5.2 刀盘拆解吊装

（1）盾构机刀盘由9个小刀盘组成，共有4种规格，最大直径为4900mm，端面厚度1341.5mm，最大质量8.4t。

（2）采用5t×6m吊带2根，刀盘拆解吊装顺序为由上到下，由前到后拆卸。

（3）刀盘拆解吊装顺序：φ4900mm前刀盘2个→φ3750mm后刀盘1个→φ2700mm后刀盘

1 个→ϕ1100mm 后刀盘 2 个→ϕ4900mm 前刀盘 1 个→ϕ4900mm 后刀盘 2 个。

(4)对主驱动与刀盘的结合面进行清理,然后进行迷宫凹槽清理和防锈处理。

刀盘吊装如图 4-15 所示。

4.5.3 尾盾上部拆解吊装

(1)刨除尾盾上下部分焊缝,尾盾与中盾连接处内外两道焊缝。

(2)尾盾上下部分焊缝刨除前,先用 650t 履带式起重机吊装尾盾上部,在尾盾前部、中部、后部焊接各三处连接工装,防止尾盾焊缝刨除完毕后,尾盾发生摆动。

(3)650t 履带式起重机缓慢增加示重,待示重达到 40t 时,割除连接工装,完成尾盾上部吊装,如图 4-16 所示。

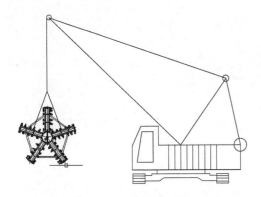
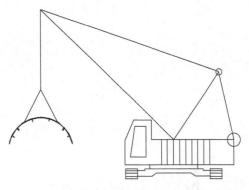

图 4-15　刀盘吊装示意图　　　　　　图 4-16　尾盾上部吊装示意图

(4)尾盾上部吊装完成后,在尾盾内部焊接支撑连接工装,保持尾盾原有尺寸,防止发生形变。

4.5.4　螺旋输送机拆解吊装

(1)用 650t 履带式起重机吊装螺旋输送机。

(2)拆除螺旋输送机连接拉杆和前盾连接法兰螺栓。

(3)缓慢吊出螺旋输送机,如图 4-17 所示。

4.5.5　管片拼装机拆解吊装

(1)断电前将管片拼装机抓举头停留在正上方 12 点位置,配重在正下方 6 点位置。

(2)拆除连接管线,分段拆除管片拼装机各层平台。

(3)拆除管片拼装机抓举头。

(4)拆除拖拉液压缸连接主梁。

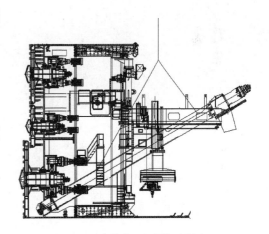

图 4-17　螺旋输送机吊装示意图

(5)拆除管片拼装机回转体。

(6)拆除管片拼装机举升液压缸及配重,将回转体断开为两部分。

管片拼装机吊装如图4-18所示。

4.5.6 中盾上部拆解吊装

(1)用650t履带式起重机提升中盾上部吊耳。

(2)拆除中盾上部与前盾、中盾左右侧法兰连接螺栓。

(3)吊出中盾上部,如图4-19所示。

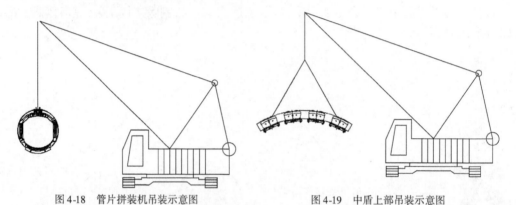

图4-18 管片拼装机吊装示意图　　图4-19 中盾上部吊装示意图

4.5.7 中盾左(右)部分拆解吊装

(1)用650t履带式起重机吊装中盾左(右)部,如图4-20所示。

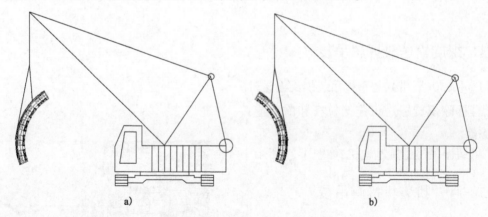

a)　　　　　　　　　　　　b)

图4-20 中盾左(右)部分吊装示意图

(2)拆除中盾左(右)部与前盾、中盾底部、米字梁连接螺栓。

(3)吊出中盾左(右)部分。

4.5.8 米字梁拆解吊装

(1)拆除2号、3号、7号驱动电机,拆除中盾顶层平台。

(2)拆除人舱,拆除中盾中部平台。
(3)用650t履带式起重机吊装米字梁。
(4)拆除米字梁与中盾底部连接螺栓。
(5)吊出米字梁,如图4-21所示。

4.5.9 前盾上部拆解吊装

(1)用650t履带式起重机吊装前盾上部。
(2)拆除前盾上、下部法兰连接螺栓。
(3)缓慢吊出前盾上部,如图4-22所示。

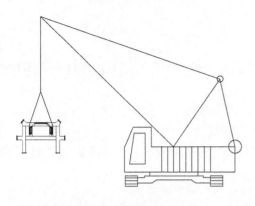

图4-21 米字梁吊装示意图

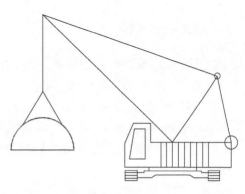

图4-22 前盾上部吊装示意图

4.5.10 前盾下部拆解吊装

(1)前盾下部安装吊耳。
(2)用650t履带式起重机吊装前盾下部。
(3)拆除前盾下部与中盾下部法兰连接螺栓。
(4)吊出前盾下部,如图4-23所示。

4.5.11 中盾下部拆解吊装

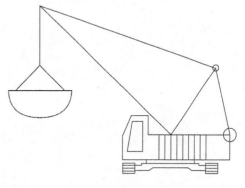

图4-23 前盾下部吊装示意图

(1)安装中盾下部吊耳。
(2)用650t履带式起重机吊装中盾下部。
(3)缓慢吊出中盾下部,如图4-24所示。

4.5.12 尾盾下部拆解吊装

用650t履带式起重机吊出尾盾下部,如图4-25所示。

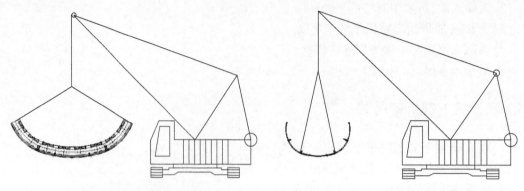

图 4-24　中盾下部吊装示意图　　　　　图 4-25　尾盾下部吊装示意图

4.5.13　后配套拆解吊装

（1）在拆除主机部分时,断开后配套之间连接管线,断开 3 号与 4 号连接拉杆。同时将拖车各部分前后、上下、左右位置标识清楚。

（2）主机部分吊装完成后,清理接收台,铺设后配套行走轨道至明洞洞门外路基处。

（3）用 2 台 50t 蓄电池机车牵引后配套拖车至路基处。

（4）按照拖车排列顺序倒序拆除后配套各台拖车,拖车上所有配电柜及箱体类部件,全部清洁后覆盖。

第5章 大断面马蹄形盾构掘进施工关键技术

5.1 盾构掘进参数控制

盾构施工的关键是如何根据盾构机掘进的地质条件及时准确的确定盾构机的掘进参数，盾构机掘进参数确定的得当与否直接关系到盾构施工的进度、安全和质量。

本工程采用的大断面马蹄形土压平衡盾构机掘进参数主要是指盾构机刀盘转速及扭矩；推进液压缸总推力、各组行程差及推进速度；土仓压力的设定；泡沫剂等参数的调整；盾尾油脂、锂基脂消耗量的控制；注浆量及地表沉降的控制等。

1) 盾构机刀盘转速及扭矩

本工程采用的盾构机刀盘为9个辐条式刀盘组合的形式，采用前后交叉式布置，相邻刀盘的切削区域相互交叉，开口率约为70%，开挖率91%，可适用于大部分土质地层，如粉质黏土、黏土、黄土、砂层等。每个刀盘相互独立，可实现双向无级调速。在前盾切口环处布置切刀，对盲区进行辅助切削，同时在土仓隔板上预留高压水接口及连接风钻的万向接口(其摆动范围为±20°的圆锥面)，始发时便于对盲区进行人工处理，提高设备的整体开挖率。刀盘设计如图5-1所示。

图5-1 刀盘设计效果图

盾构机刀盘转速及扭矩在不同的地质条件、不同的施工阶段所取用的参数也随之改变。土压平衡盾构机掘进砂质新黄土地层时，为了防止地层扰动过大、保持土体的强度及自稳性，刀盘转速不易过高，如果转速过高，会加大刀盘、刀具的磨损；但此时刀盘转速也不宜过低，刀盘转速过低时，刀盘切削下来的渣土和泥浆(或泡沫)未搅拌充分，刀盘扭矩高，推进速度慢，渣土在土仓底部堆积，会造成出渣困难。

在砂质新黄土地层中，刀盘转速过高对周围地层的扰动较大，容易造成地层失稳，出渣量过大，地表沉降量超限。为此在不同掘进地段合理选择刀盘转速参数就显得特别重要，为方便对比，选取底部正中前刀盘的5号刀盘，在砂质新黄土地层中刀盘参数见表5-1。

5号刀盘掘进参数表　　　　　　　　　　　　表5-1

掘进地段参数	始发段(1~100环)	正常段(101~1000环)
刀盘转速(r/min)	0.8~1.0	0.8~1.0
扭矩(kN·m)	600~1000	700~1200

2）推进液压缸总推力、推进速度及各组液压缸行程差

马蹄形盾构机必须拥有平行掘进、上下坡掘进、左右拐弯等施工能力；且横纵断面尺寸较常规圆形盾构大大增加，开挖面各点压力更加不均，盾构或管节发生滚转偏差对隧道净空位置的影响明显，这些都对马蹄形盾构机姿态控制及滚转纠偏功能提出了更高的要求。

为此，吸取圆形盾构线性控制要点，开展马蹄形盾构机推进液压缸布置研究和推进液压缸分组研究，最终采用44根推进液压缸，最大推进力为140800kN。

推进液压缸圆周方向分成A、B、C、D、E、F 6个区，液压缸成单、双缸布置，共分18组（图5-2）。每组中的一根液压缸有内置式位移传感器，位移行程可显示于上位机；装有位移传感器的推进液压缸控制阀组上还装有压力传感器，通过调整每区液压缸的推进压力来进行盾构机的纠偏和调向。

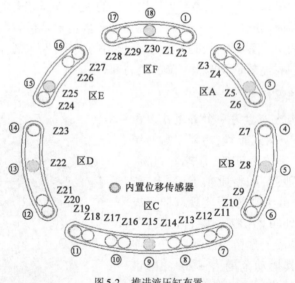

图5-2　推进液压缸布置

盾构向前推进是靠安装在支撑环周围的千斤顶推力，各千斤顶的合推力即为盾构的总推力，在计算推力时一定要考虑周全，要将工程施工过程中对盾构可能产生的阻力都要计算在内。

盾构机的总推力必须大于各种阻力的总和，否则盾构机就无法向前推进。盾构机推进各种阻力总和的理论计算比较复杂，在实际施工过程中盾构机的总推力一般按经验公式求得：

$$F_j = P_j \times \frac{\pi D^2}{4} \tag{5-1}$$

式中：F_j——盾构机总推力(kN)；

P_j——开挖面单位截面积的推力(kN)。

土压平衡盾构机在砂质新黄土地层中的掘进速度一般控制在 20～30mm/min。

盾构机推进液压缸各组的行程差一般应控制在 60mm 以内。隧道设计曲线最小半径为 500m，如果不考虑推力不均而引起的液压缸行程差，推进液压缸具体参数见表 5-2。

推进液压缸参数　　　　表 5-2

掘进地段参数	始发段(1～100 环)	正常段(101～1000 环)
推进速度(mm/min)	15～25	15～25
总推力(kN)	45000～50000	50000～75000
行程差(mm)	≤60	≤40

3）马蹄形断面土压平衡稳定性技术

马蹄形盾构开挖断面为马蹄形变曲率形状，开挖面土体的各点的稳定性不同，同时采用 9 个不同直径的刀盘联合开挖，部分区域存在交叉扰动，而且每个区域土体的扰动灵敏性又不同，因此土压平衡稳定性波动较大。

针对该项目穿越地层特性，采用以齿刀、刮刀和鱼尾刀为主切削土层，以低转速、小扭矩、小推力推进。

土仓内土压力值 P 应略大于静水压力和地层土压力之和 P_0，即 $P = K \times P_0$（K 值介于 1.0～3.0）。

土仓压力通过采取设定掘进速度、调整排土量或设定排土量、调整掘进速度两种方法建立，并应维持切削土量与排土量的平衡，以使土仓内的压力稳定平衡。

采用两台螺旋输送机出渣，能够有效地匹配推进速度，防止超欠挖（图 5-3）；螺旋输送机转速可进行无级调速，以控制土仓左、右压力实现土压平衡，有效控制地表沉降，如图 5-4 所示。

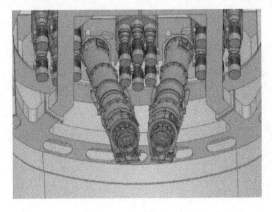

图 5-3　双螺旋输送机设置

图 5-4　土压平衡示意图

在过砂质老黄土地层段掘进时，需要添加泡沫剂、膨润土等改善渣土的止水性，以使土仓压力稳定平衡。

盾构机的土仓压力主要通过调整盾构掘进速度和出土量的平衡来控制，排土量则主要通过调整螺旋输送机的转速来调节。在实际掘进施工中，应根据地质条件、排出的渣土状态，以及盾构机的各项工作状态参数等动态地调整优化，此模式掘进时应采取渣土改良措施提高渣土的流动性和止水性。

螺旋输送机参数见表 5-3。

螺旋输送机参数　　　　　　　　　　　　　表 5-3

掘进地段参数	始　发　段	正常掘进段	到　达　段
扭矩(kN·m)	20~40	25~45	—
土压(MPa)	0~0.4	0.2~0.6	—

5.2 渣土改良技术

该项目的开挖断面是目前世界上最大的马蹄形断面,横向跨度大,多刀盘同时开挖,搅拌效果不均,同时存在搅拌盲区,渣土改良存在很大的不均匀性。而该项目的工业试验段下穿公路,覆土浅,对沉降控制要求极高,渣土改良效果的好坏直接影响到沉降的控制。因此,搞好渣土改良系统的研究设计具有重要意义。

1)试验方法

渣土改良研究涉及多学科、多领域的研究内容,而且不同改良介质的作用机理复杂,研究内容广泛,影响因素多且存在不确定性,需要通过大量的试验数据进行验证和分析。

首先制定渣土改良试验的技术路线(图 5-5):项目组利用多功能试验台及其他测试仪器,对常用改良剂泡沫、膨润土浆液的特性进行试验研究,并通过坍落度试验、搅拌试验、透水性试验等分别研究水、泡沫、膨润土浆液对粉土、粉细砂的改良效果情况。

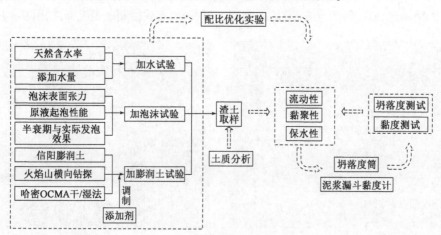

图 5-5　渣土改良试验技术路线

2)泡沫性能试验研究

泡沫在盾构中的应用是通过无数个小气泡组成的泡沫来实现的。泡沫是典型的气液二相体系,90%以上的体积为空气,不足 10%的体积为发泡液,而发泡液 95%以上是水,其余为发泡原液,多为各种表面活性剂的高浓度混合液。

(1)泡沫混合液表面张力

项目组通过 JYW-200B 自动界面张力仪测试了不同浓度下的泡沫混合液的表面张力,如

图 5-6 所示。

经过多组试验数据分析发现,泡沫原液浓度与表面张力关系为:泡沫混合液的表面张力随着原液浓度增加而减小,泡沫原液浓度达到 3% 时表面张力达到最小,继续增加浓度,表面张力基本不变,如图 5-7 所示。

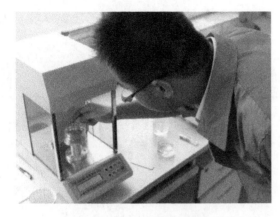

图 5-6 混合液表面张力测试

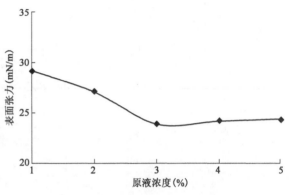

图 5-7 表面张力与原液浓度的关系

(2)泡沫半衰期和实际发泡效果

项目组通过多功能流体试验台(图 5-8)和半衰期试验装置,测试了不同浓度的泡沫混合液的发泡倍率、半衰期和泡沫附着厚度(图 5-9)。

图 5-8 流体多功能试验台

经过多组试验数据分析发现当泡沫原液浓度达到 2% 时,随着浓度增加半衰期变化较小,如图 5-10 所示;发泡倍率和附着厚度随着原液浓度的增加而增大,但增大的趋势变小,如图 5-11、图 5-12 所示。

(3)泡沫改良渣土坍落度试验

渣土坍落度主要是指渣土的塑化性能和出渣性能,影响渣土坍落度的因素主要有级配变化、含水率、衡器的称量偏差、外加剂的用量等。

和易性是指渣土是否易于施工操作和均匀密实的性能,是一个很综合的性能,其中包含流动性、黏聚性和保水性。

通过热重分析仪、搅拌机、坍落度筒等试验仪器测试多组泡沫改良后的渣土坍落度。

图 5-9 半衰期和附着厚度试验

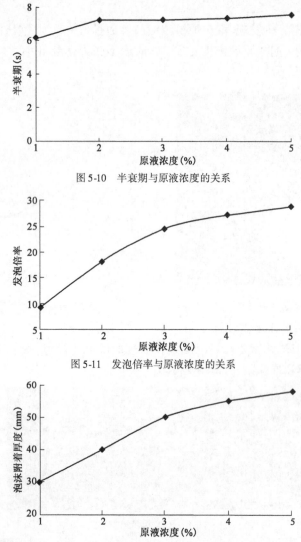

图 5-10　半衰期与原液浓度的关系

图 5-11　发泡倍率与原液浓度的关系

图 5-12　泡沫附着厚度与原液浓度的关系

实验室进行的渣土改良效果如图 5-13 所示。

根据试验数据分析发现：泡沫对改良渣土的坍落度效果是很明显的，添加 15% 泡沫后坍落度由 31mm 变为 132mm，添加到 20% 时坍落度达到 212mm。坍落度达到 120～200mm 时，可认为渣土满足流塑性状态要求，所以泡沫注入率为 15% 时，其渣土改良效果、经济性最佳。

泡沫注入率与渣土坍落度关系曲线如图 5-14 所示。

当渣土含水率为 15% 时，加入不同比例的泡沫，对比坍落度，通过数据分析得出坍落度 H 与泡沫注入率 X% 的关系如下：

$$H = -0.0032X^4 + 0.1063X^3 - 0.2781X^2 - 0.8466X + 0.8135 \tag{5-2}$$

综合以上泡沫性能试验及泡沫渣土改良试验数据分析可知：考虑到工程应用的成本，在粉土、黏质粉土地层中施工，选用该泡沫原液浓度为 3%，泡沫注入率为 15%，其性能、经济性最佳。

图 5-13 渣土改良效果

图 5-14 泡沫改良渣土坍落度曲线

3) 膨润土性能研究

膨润土为矿物质类添加剂，目的是补充土体的微细粒组分，使得土体的内摩擦角变小，提高土体的流动性、止水性。研究膨润土的性能对渣土改良尤为重要。

项目组通过泥浆漏斗黏度计、泥浆密度计、坍落度筒等试验仪器测量了多组 S1-钠基膨润土泥浆的密度及漏斗黏度。信阳膨润土泥浆膨化试验结果见表 5-4。不同钠基膨润土配合比的泥浆黏度与养护时间变化规律如图 5-15 所示。随着养护时间的增长,泥浆的黏度不断上升。由 24h 养护时间不同配合比的泥浆黏度变化规律(图 5-16)可知:配合比在 1:5 以下时黏度增长缓慢,而大于配合比 1:5 时黏度急剧增大,在配合比为 1:5 时候出现突变值。如图 5-17 所示:配合比低于 1:6 时,泥浆密度缓慢线性增长,当配合比大于 1:6 时,泥浆密度呈急剧线性增长。总体上 S1-钠基膨润土水化程度较好,能够形成稳定的泥浆,未形成较大的层析现象。综上钠基膨润土表现出的性质,采用配合比 1:6 浓度泥浆进行膨润土改性。

S1-钠基膨润土泥浆膨化试验结果　　　表 5-4

膨润土泥浆配合比	pH 值	密度(g/cm³)	0(h/s)	4(h/s)	8(h/s)	20(h/s)	24(h/s)
1:4	9	1.138	25.06	33.60	40.00	49.17	54.91
1:5	9	1.190	20.02	21.96	23.23	24.55	25.78
1:6	8.5	1.100	19.20	20.08	20.89	21.59	22.74
1:6.5	8.5	1.090	18.22	18.75	19.58	19.94	20.47
1:7	8	1.085	18.26	18.38	19.21	19.45	19.81
1:7.5	8	1.075	17.03	17.77	18.14	18.55	17.52
1:8	8	1.069	17.09	17.33	18.02	18.18	18.74

注:水黏度 = (13.38 + 14.32 + 14.09)/3 = 13.93(Pa·s)。

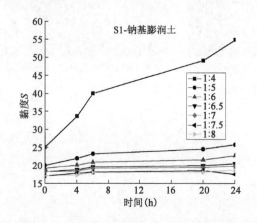

图 5-15　不同配合比的泥浆黏度与养护时间变化规律

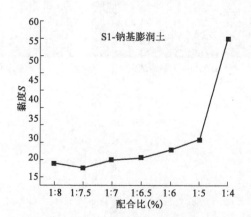

图 5-16　泥浆黏度与浓度的变化规律

纯碱即碳酸钠(Na_2CO_3),在水中容易电离和水解,在配置浆液时加入纯碱能有效地改善黏土的水化分散能力,因此加入适量的纯碱可使泥浆失水下降,黏度、切力增大。通过对不同比例纯碱含量的泥浆进行测试,对多组数据分析对比,得出黏度 S 与纯碱含量 $X\%$ 之间函数关系为:

$$S = 21.8518 + 5.9781X + 33.7402X^2 - 70.3219X^3 + 44.992X^4 - 9.0721X^5 \quad (5-3)$$

由图 5-18 可知纯碱使泥浆黏度先升高后下降继而急剧升高。根据泥浆黏度变化规律,优先采用 0.6% 含量的纯碱改性泥浆。

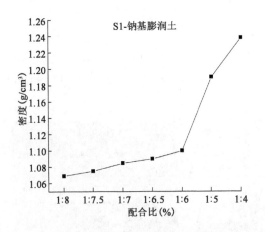
图 5-17　泥浆密度与浓度的变化规律

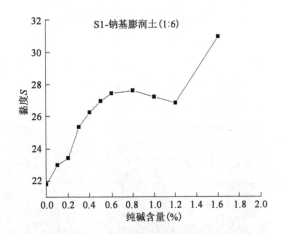
图 5-18　泥浆黏度与纯碱浓度的变化规律

羧甲基纤维素(CMC)可增加泥浆的黏性,使土层表面形成薄膜而防护孔壁剥落并有降低失水的作用。

通过试验发现,随着 CMC 含量的增大,泥浆黏度几乎呈线性增长,黏度 S 与 CMC 含量 $X\%$ 之间函数关系为:

$$S = 17.9 + 64X \tag{5-4}$$

泥浆黏度与 CMC 浓度的变化规律如图 5-19 所示,CMC 的含量虽然相对较低,但其变化对泥浆漏斗黏度的影响却非常明显。

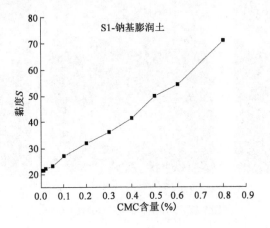
图 5-19　泥浆黏度与 CMC 浓度的变化规律

综上几个改良配合比试验结果,优先采用膨润土配合比 1:6,纯碱含量 0.6% 的配合比浆液,在泥浆随 CMC 含量浓度变化规律的基础上配置含量 0.6% 和 0.8% 的 CMC 泥浆,测得漏斗黏度分别为 52.80s 和 63.00s,所以推荐 S1 样本配合比为水:膨润土:Na_2CO_3:CMC = 6:1:0.042:0.056,其中物料的投放顺序建议水和纯碱先溶解后再放入 CMC 进入机械搅拌,搅拌至少 1h 之后,放入气吹搅拌桶内,打开气吹阀门,缓慢加入钠基膨润土,气吹搅拌 30min 即可,最后养护 24h 之后方可以投入使用。

4）膨润土渣土改良坍落度试验

项目组在含水率为15%的渣土试样中添加不同量的膨润土改良剂进行坍落度试验（图5-20）。通过试验数据可知：膨润土注入率达到15%时，坍落度只有87mm，而达到20%时，坍落度达到151mm。要使渣土达到良好的流塑性状态，膨润土注入率较大，需达到20%左右。

a) 含水率15%

b) 含水率5%+膨润土

c) 含水率10%+膨润土

d) 含水率15%+膨润土

e) 含水率20%+膨润土

f) 含水率25%+膨润土

图5-20　膨润土渣土改良试验效果分析

经过对多组试验数据的分析发现：膨润土改良后坍落度 H 与添加 S1-纳基膨润土的比例 $X\%$ 之间的关系如下。图5-21为S1-钠基膨润土渣土改良坍落度曲线。

$$H = -0.0018X^4 + 0.0706X^3 - 0.3419X^2 + 0.4267X + 0.7817 \qquad (5-5)$$

综上所述，经过对加泡沫与加膨润土泥浆后的坍落度测试对比分析，另外综合考虑施工经济效益，针对项目地质情况，认为加泡沫后的改良效果优于加 S1-钠基膨润土泥浆。通过综合分析比对研究，泡沫原液浓度为3%，泡沫注入率为15%时，其性能及经济性最佳。

5) 马蹄形盾构机渣土改良系统

通过渣土改良试验得出渣土改良的最佳方案，主要改良介质是泡沫和水，泡沫的作用尤为明显。

结合异形盾构多刀盘开挖形式，为使泡沫与土体的充分混合并防止刀盘喷口堵塞，对每一个刀盘单独配置单管单泵泡沫系统，共配置六路泡沫管线，通过 PLC 可以实现泡沫自动、半自动及手动注入控制，开创了异形盾构渣土改良系统新的设计理念。同时土仓隔板上均匀布置加水口，针对盲区特别设置喷水口，实现土仓内均匀加水改良，并采用高压水冲刷盲区，助于盲区渣土的切削和渣土改良。

6) 试验分析

在浩吉铁路白城隧道工程项目中，通过渣土改良试验，确定合理改良介质注入比，并配置合适的渣土改良系统，渣土改良取得了良好效果，使土体形成"塑性流变状态"，有利于地表沉降的控制。渣土改良后的效果如图 5-22 所示。

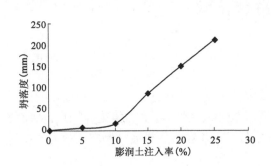

图 5-21 加 S1-钠基膨润土泥浆渣土改良坍落度曲线

图 5-22 渣土改良后效果

图 5-23 所示为掘进过程中土仓压力变化情况，该图表明了优化后的渣土改良方案有效地稳定了掌子面，土仓压力均匀，有利于提高成洞质量，使推进系统适应各种复杂工况要求。同时也表明渣土改良有效降低了盾体及刀具的磨损，达到了经济、节能的要求。

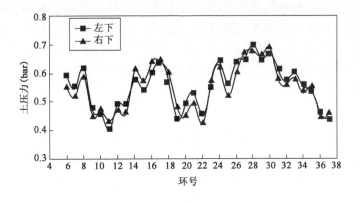

图 5-23 掘进过程中土仓压力变化

鉴于马蹄形断面面积大、九刀盘同时开挖、搅拌效果不均,同时存在搅拌盲区,渣土改良存在很大不均匀性,对盾体(姿态)方向控制影响大。因此保证渣土改良效果至关重要。而要实现此设备的姿态精确控制,最好的办法是通过渣土改良让渣土实现真正的注塑状。因此马蹄形盾构的渣土改良技术非常重要。

根据渣土改良参数及配合比的试验室测定,通过复合的渣土改良配合比指导施工,再经现场实际掘进情况综合确定适合当前地层的渣土改良数据。

对于砂土地层的开挖,土压平衡盾构在穿越时,由于砂层土体流塑性差、摩擦系数较大,强度较高,盾构机的推力大大增加,导致出土困难,刀盘扭矩、螺旋输送机扭矩增大,降低掘进速度甚至无法推进。同时在砂质新黄土地层中,盾构机刀盘可能出现升温过快,刀盘及螺旋器磨损较大,这些问题会导致土压平衡盾构在砂层中施工十分困难,即土压平衡盾构对穿越砂质新黄土地层表现出较强的不适应性。

通过试验掺水量和泡沫剂掺量对坍落度的影响,来确定泡沫剂和水的最佳掺量配合比。

5.3 管片拼装技术

5.3.1 马蹄形管片拼装机

马蹄形管片拼装机在设计伊始,便是马蹄形盾构机的设计难点,由于马蹄形断面没有圆形的中心对称优势,导致每块管片内呈现表面变曲率、重量大、惯性大、重心偏置等特点,从而使管片安装时微调工作量很大、管片错位搭接现象多,且楔形块在最后拼装时周向压紧力不易传导等。

项目设计期间,从管片安装设备结构自由度、多安装系统运动干涉分析,研制适应本开挖断面的管片拼装机;研究双抓举、变曲率式管片抓紧支撑机构;综合装备电液柔性控制优势,考虑管片安装效率,进行分系统集成研究,从而保证了后期管片拼装机的正常有效运行。

管片拼装机安装在盾尾,由主梁、回转架、移动架、连接梁、抓举头等机构组成。管片拼装机通过遥控器进行控制,可对每个动作进行单独灵活的操作控制,通过这些机构的协同动作把管片安装到准确的位置。管片拼装机的伸缩、旋转和移动等功能都是比例控制的,可以对管片实现精确定位。管片拼装机由单独的液压系统供应动力,并具有紧急状况的自锁能力,确保施工中的安全性。

管片拼装机结构组成如图5-24所示,现场组装施工如图5-25所示。

5.3.2 管片拼装工艺流程

养护成型的管片,经平板车由管片厂运送至进口场地管片存放区后,进行防水材料的粘贴作业,经有轨蓄电池运输车运送至盾构机内,经过一次吊机卸车,放至设备桥下的临时存放区域,用高压气管清洗完成后,经二次吊机吊送至管片拼装机正下方,由操作手控制拼装机进行管片拼装。

第5章 大断面马蹄形盾构掘进施工关键技术

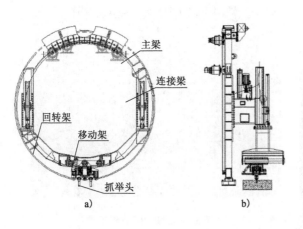

图 5-24　管片拼装机结构组成　　　　　图 5-25　拼装机现场组装

管片拼装时拼装机司机、螺栓安装人员要就位,首先安装最下方一块管片,先连接纵向螺栓;由下到上左右对称安装剩余管片,随每块管片的安装将纵向螺栓及环向螺栓连接好并进行紧固;封顶块安装时,先搭接 1/3,再径向插入,边调整位置边缓慢纵向顶推;整环管片全部安装完后,用风动扳手紧固所有螺栓;盾构掘进时,在上一个循环管片脱出盾尾后,及时以风动扳手对所有管片环纵向螺栓进行复紧。管片拼装工艺流程如图 5-26 所示。

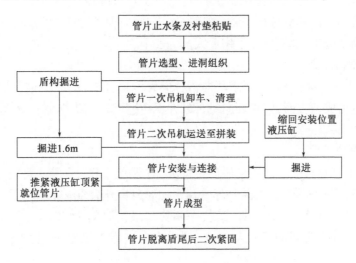

图 5-26　管片拼装工艺流程图

管片拼装施工人员共计 10 人,其中值班工程师 1 人,操作司机 1 人,一次吊机司机 1 人,二次吊机司机 1 人,螺栓紧固工 6 人。管片安装班组分为 2 个班组,24h 作业。图 5-27 为拼装机现场施工情况,图 5-28 为隧道内成型管片。

本项目盾构机为世界首台马蹄形盾构机,拼装和一般常规盾构机有很大区别,通过一个月的操作和改进,每环的拼装时间为 75min 左右,临近施工结束时达到了每环 52min 的熟练程度。

图 5-27 拼装机现场施工

图 5-28 隧道内成型管片

5.3.3 管片拼装总结

在浩吉铁路白城隧道施工中,完成了近 1200 环的盾构掘进和管片拼装作业,该工程项目的顺利完成,充分体现了盾构掘进施工的优越性。

(1)安全性高

与传统钻爆法相比,隧道盾构法施工机械化程度高,盾构施工需要的管片由工厂进行预制,运送至施工现场由拼装机进行安装,隧道一次成型,减少了锚杆支护、立拱、喷浆、二次衬砌等施工工序,提高了施工效率,确保了作业人员的安全。

(2)管片成型精度高

在盾构施工管片安装过程中,要求环向错台最大不超过 5mm,纵向错台最大不超过5mm,安装精度高;在隧道成型方面,要求环向错台最大不超过 15mm,纵向错台最大不超过 6mm,成型隧道精度高。

(3)成型速度快

马蹄形盾构的管片拼装工艺在世界尚属首次,前期施工工人安装一环马蹄形管片最少需要 120min,经过 30 环的拼装后,安装一环管片平均时间提升为 80min,体现了马蹄形盾构管片拼装机的先进性与合理性。到后期,安装一环管片最快时间为 52min,平均管片安装时间为 70min/环,管片拼装时间的稳定与提升,使盾构掘进施工工序可控、质量可控,施工效率提高。

5.4 同步注浆与管片椭变控制技术

本工程采用超大断面马蹄形盾构机,隧道主要穿越地层为全断面新黄土地层,隧道断面面积大、同步注浆量大,管片脱出盾尾后的稳定性直接影响成型隧道的质量。对于大断面管片结构的盾构隧道来说,极易产生椭变,盾构推进中的同步注浆是充填土体与管片圆环间的建筑间隙和控制地表沉降的主要手段和重要工序,也是控制椭变的重要手段。盾构推进施工中的注浆,选择和易性好、泌水性小,且具有一定强度和早强性能的浆液进行及时、均匀、足量压注,确保建筑空隙得以及时和足量的充填,并有效抑制管片结构的变形。

(1) 同步注浆量

注浆量的确定是以管片背部建筑空隙量为基础并结合地层、线路线性及掘进方式等考虑适当的饱满系数,以保证达到充填密实的目的。注浆量与盾构掘进时扰动地层范围有关系,扰动范围是变量,一般情况下充填系数为 1.3~1.8。

同步注浆量经验计算公式:

$$Q = V \times \lambda \tag{5-6}$$

$$V = \frac{\pi}{4}(D^2 - d^2)L$$

式中:V——充填体积(盾构施工引起的空隙,m^3);

λ——充填系数(宜取 1.3~2.5);

D——盾构切削外径;

d——预制管片外径;

L——回填注浆段长度,即预制管片衬砌每环长度。

根据马蹄形盾构断面和马蹄形管片外径进行计算得知:

$$Q = 10.5m^3 \times 1.5 = 15.7m^3$$

(2) AB 液配合同步注浆

因传统的二次注浆采用的是水玻璃与水泥浆液的双液浆,每次施作最低配备 4 人方可进行,工序烦琐且费时费力,经常出现堵管和抱死盾壳的现象。经过多次试验,马蹄形盾构采用新型高分子材料 AB 料配合砂浆代替传统的双液浆。

A 料直接在搅拌站拌制时加入,同质量代替同步注浆砂浆中的水泥;B 料在洞内溶解后导入储存罐中。

对盾尾的同步注浆管路进行改造,在盾尾处使 B 料溶液与含 A 料的砂浆充分混合,达到控制管片背后砂浆凝固时间的目的,并通过计量泵使注入量及压力精确可控。

根据多次试验,在本工程中选用浆液效果最佳配合比(kg)为:

水泥∶粉煤灰∶膨润土∶砂∶水∶A 料∶B 料(与水 1∶1 溶解) = 185∶350∶50∶800∶460∶15∶30。

初凝时间为 15min 左右。其中 A、B 料的比例根据砂浆配合比中水泥的含量变化而随之改变,且初凝时间可通过调节 A、B 料的比例来进行控制,故在使用前,需根据当地气候、砂浆特性等方面实地进行调节。

计量泵(图 5-29)与同步注浆泵采用联动系统,冲洗管路开关设置在同步注浆操作面板上。此套系统同步注浆司机 1 人操作即可满足施工需求。图 5-30 为 AB 液与盾尾注浆管路连接。

图 5-29　计量泵及搅拌桶　　　　　　图 5-30　AB 液与盾尾注浆管路连接

5.5　长距离掘进技术

马蹄形土压平衡盾构机在掘进过程中使用连续皮带输送机出渣。在渣土输送过程中漏渣比较严重,皮带输送机合金刮板挂下的渣土直接掉落到台车上,且隧道内清理的污水排出比较困难。

出渣口设计参照常规土压平衡盾构机和 TBM 连续皮带输送机设计,但在现场使用过程中出渣系统隧道掉渣比较严重。经现场统计:掘进一环需出土 220m³ 左右,现场掉落渣土为 3～5m³,需 4 个人工日清理。图 5-31 为现场使用连续皮带输送机出渣。

图 5-31　现场使用连续皮带输送机出渣

1) 原因分析

使用连续皮带输送机出渣,刮泥板挂下渣土未设计接渣槽,现场渣土直接落到盾构台车上,造成现场落渣较多。另外,由于设计空间不足,现场清理的泥浆、砂浆车清洗产生污水不易排出,造成隧道内文明施工、生产标准化困难。

2) 解决方案

改良输送带出渣挡泥、刮渣、冲洗装置能够大大改善输送带掉渣现象,减少现场人员清渣的工作量,减少卫生清扫时间,提供干净、整洁工作环境,同时降低生产成本,节约材料和人工。

通过出渣口位置及空间结构,确定漏渣主要位置,即需要现场改造的位置,如图 5-32 所示。

根据图纸和现场的结构空间,建议增加一套溜渣槽、一道刮渣板,改造空气清洗装置,同时在连续皮带输送机接渣处加做挡泥板,并在溜渣槽上留有管路接口,方便现场人员将隧道内污水直接抽到皮带上排除。改造后大大减少了现场人员的劳动强度和工作量。

3）实施过程

（1）将现场设计在橡胶管板处的皮带喷水改到第一道合金管板刮板位置处,在喷水管处接一个三通,使用加气后循环水冲洗,焊接的位置靠近第一道合金刮板,使冲洗水有一个下落行程。

图 5-32　现场需改造位置

（2）将第二道合金刮板后移,中间补加一道自制橡胶刮板、刮除残留在输送带上污水和渣土,减少输送带上残留泥水落到隧道或人员工作区域,避免下"泥雨"现象发生。

（3）将二道合金刮板后移固定后,焊接溜渣槽。注意溜渣槽的宽度和角度(60°左右)需结合现场空间位置布置,注意考虑人员的操作空间和预留输送带、托辊、刮板、喷水维保的空间。

（4）在溜渣槽接渣位置因空间有限造成坡度较小,可能导致渣土无法滑到连续输送带上形成堆渣,现场焊接导水槽和 DN100 的污水管,使用污水泵抽隧道内污水进行冲洗,防止形成堆渣并实现污水的二次利用。

（5）由于土压平衡盾构机有时渣土改良不好,容易产生渣土较稀情况,需在连续皮带输送机的溜渣槽和接渣口加设挡板,做好挡水处理。

改造后的皮带输送机刮渣板如图 5-33 所示,改造后的拖车卫生情况如图 5-34 所示。

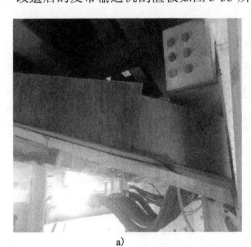

a)

b)

图 5-33　改造后的皮带输送机刮渣板

a) b)

图 5-34 改造后的拖车卫生明显好转

现场改造完成后输送带刮渣效果得到明显改善,清理工作量减少,隧道内污水及时排出,隧道施工更加干净、规范、标准化。此外,降低了工人劳动强度,减少了人员数量,以及材料、物资的消耗量,取得了良好经济效果。可为以后针对连续皮带输送机出渣设计提供一些借鉴和参考作用。

5.6 近接构筑物施工控制技术

5.6.1 变形监测及控制

(1) 地表变形监测

监测方法:主要监测盾构掘进过程中引起的地表变形情况,监测方法是在地表埋设测点,在隧道沿线,地表影响范围外布设监测基准点,基准点按照国家二等水准观测的技术要求实施,用精密水准仪进行地面沉降的量测。根据监测结果进行分析,判断盾构掘进对地表沉降的影响。

地表变形监测点布置在地面上,监测断面垂直于线路方向,在隧道中线的两侧 30m 范围内布置测点,每个监测断面布设 13 个测点,按照设计要求在隧道的上方沿隧道方向每间隔 50m 布一个断面,在隧道中线方向上每 10m 布置一个纵向地表监测点,为了保证盾构施工时地面安全,加强地面沉降点监测,在隧道横向地表布置了变形监测点,如图 5-35 所示。

每日按照两次对地表进行监测,根据测量数据,每天对地表沉降情况分析,并把数据上报,做到地表沉降的实时监控,用数据指导盾构掘进施工。地表沉降均在 10mm 以内,下穿包茂高速公路段最大沉降为 2mm。

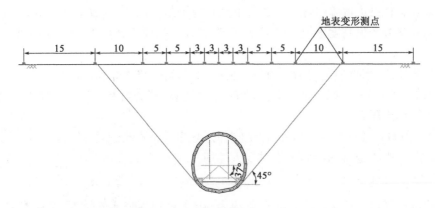

图 5-35　隧道横向地表变形监测点布置示意图(尺寸单位:m)

(2)洞外观察

洞外观察的内容主要包括:地表开裂、地表隆沉、建(构)筑物开裂、倾斜、隆沉等状况的观察和记录。根据周边环境状况确定观测频率,且每天不少于 1 次。

(3)周边建(构)筑物监测

周边建(构)筑物监测包括沉降监测、倾斜监测和位移监测。采用电子水准仪和全站仪及测缝计进行量测。

建(构)筑物监测点布置在其结构外墙四角和受力结构柱处,对于低于 5 层(含 5 层)的邻近建筑物,可只在底层布置测点,对于高于 5 层的建筑物,在建筑物的底部、中部及上部四角埋设位移测点;建筑物边长超过 50m 时,在边长中部按 10m 布置 1 个测点。倾斜监测仅对 8 层以上高层建筑物进行监测。邻近建筑物必须按设计要求布设监测点,对距离隧道中心轴线 30m 以内的建筑物应布置测点纳入监测范围。

(4)管线位移监测

管线位移监测包括水平位移和垂直位移监测。在隧道施工前应对隧道穿越地区进行详细的管线调查,并对重要的地下管线进行监测。根据现有资料标出了隧道周边的地下管线分布及测点布设情况,原则上按照地表沉降的监测范围对隧道中线两侧各 30m 范围内的既有管线进行监测,尤其将上水管、煤气管等有压管道作为重点监测管线,一般在管线接头部位应布设测点,其余段按管线长度方向每隔 10m 布设一个监测点。采用水准仪或全站仪进行监测。

根据具体的管材、接头方式及内部压力等具体情况和相关规范要求,地下管线监测采用直接法和间接法相结合的方式进行。原则上地下管线的变形测量应直接在管线上设置观测点进行监测,当无法直接进行观测时应去除其覆盖土体进行观测或监测管线周围土体变形。当采用间接法监测管线周围土体变形来反映管线变形时,监测点应埋入土中距管线不大于 0.5m 处,且应与管线底同深。

5.6.2　掘进控制技术

1)穿越管线施工技术

白城隧道 DK206+597~DK206+710,需要下穿石油管线和天然气管线,穿越长度约

130m,如果在盾构掘进过程中各项参数得不到有效控制,可能造成地面沉降超标,损坏相关管线。因此参建各方予以高度重视,在穿越前后和过程中采取了相应的预防处理措施。处理措施如下:

(1)调查详细的管线资料,用途、直径、连接形式、埋深、产权单位等。

(2)分阶段优化施工参数,加强监控量测,加大同步注浆量,及时进行二次补强注浆,尤其是控制出土量和土压力。

(3)穿越前对设备进行维护保养,保证穿越过程中设备正常运转。

(4)加强巡视,穿越前后各24h安排专人巡视。

2)下穿包茂高速公路施工技术

本工程区间隧道和包茂高速公路夹角约为90°。根据现场实际情况,为确保高速公路的行车及设备安全,本工程将隧道中线与高速公路交叉的影响范围,确定为盾构机机头的前10m与机尾的后10m,即包茂高速的影响范围的里程为:DK207 + 110 ~ DK207 + 166.5,起讫距离56.5m,从第339环刀盘进入包茂高速影响范围内,在第374环盾尾脱离高速路影响范围,总共35环。计划进度每天掘进8环,5d完成掘进任务。

(1)总体思路

①在盾构穿越包茂高速公路前积极和路政部门进行沟通,编制切实可行的施工、监测等方案,通过路政部门的审查,并获批准后方可实施。同时选用征得路政部门认可的专门监测单位对施工整个过程进行全程监控。为确保盾构施工不影响高速公路的运行安全,与高速公路部门签订安全监护协议,一旦出现异常情况,由路政部门予以处理,施工方全力配合协助。

②制定科学合理的盾构掘进参数,把控制地面沉降主要手段的同步注浆和二次注浆作为盾构施工管理的重点。确保注浆及时、注浆量充足。并根据地面沉降情况适时采取补压浆及二次注浆。

③在确定施工参数时,综合考虑包茂高速范围内工程地质条件、覆土厚度的变化及行车所造成的动荷载效应,在施工时以沉降监测数据为依据,实施信息化施工。

④在盾构距离高速公路50m时开始对包茂高速进行精密水准测量,获取初始值;在盾构距离高速公路10m时开始连续测量;在盾构穿越高速公路期间增加监测频率至每天至少三次。

(2)施工准备

在盾构穿越包茂高速公路前从设备、物资、技术、人员和对外协调方面做好准备工作。充分的准备工作是盾构施工安全、顺利穿越的重要保证。重点准备工作如下:

①做好设备的维修和保养工作,确保盾构机及配套设备处于最佳工作状态,避免设备故障导致盾构机长时间停滞在高速公路下方地层中。

②穿越掘进参数的优化选择,总结出盾构掘进的最佳参数,减少盾构施工对地层的扰动,确保地面沉降控制在允许范围内。

③提前和路政部门沟通,对盾构穿越包茂高速公路的施工方案进行论证,确保方案科学合理。

④盾构正式穿越前,应对进场的操作人员进行培训,并对施工现场所有管理及操作人员进行专业技术交底。

⑤施工前与设备管理部门签订施工安全配合协议,并按照要求做好包茂高速公路的安全防护工作。

(3)施工组织

①召开员工动员大会,要求全体员工积极响应,高度负责,全心全力应对穿越包茂高速段掘进。

②建立领导24h值班制度,完善汇报机制,确保施工期间无论出现大小问题均有领导第一时间了解详细信息,并及时做出处理决定。

③项目部组织针对性的交底培训会对施工人员进行详细交底,使施工人员对工程特点、要求、施工方法与措施,以及安全等方面有较详细的了解,避免事故的发生。

④加强现场管理,做好信息沟通,严格控制掘进参数;严格落实各项施工技术管理制度,各项控制措施作为公司工作纪律进行管理,对执行不力的责任人追究责任。

⑤根据工程实际情况,盾构下穿包茂高速公路施工作业人员分为三个作业班组:一个综合班,两个掘进班。综合班主要负责轨排加工、管片防水材料安装、洞内材料准备等;掘进班主要负责隧道内轨线延伸、管片安装、同步注浆、仰拱填充等。

(4)控制措施

①姿态控制

盾构姿态控制在±50mm以内,遵守"勤调、量小"的原则,每环姿态不易变化过大,每环调整量在6mm以内。同时,根据管片姿态监测的情况调整掘进方向。

当发生滚转偏差和尾盾中线偏差时,前盾的纠偏力已经不足,此时借助于在盾体上的预留孔和纠偏泥浆注入系统,在需要的位置向地层注入纠偏泥浆,依靠泥浆对地层的压力和地层微量的压缩性进行纠偏;采用激光导向系统进行精确地测量,以保证掘进方向、线路和位置关系的正确,以及线路和盾构机的位置关系;做好方向偏转或者扭转过大的应急预案。

②渣土改良

a.加强渣土改良,泡沫比例控制在3%以上,气体压力控制在4.5bar左右,每环泡沫用量100L左右,实际施工中根据渣土情况予以调整;出渣量控制在设计量的±3m³以内。加水量根据螺旋输送机的扭矩以及刀盘的扭矩、渣土的性状进行合理控制,保证渣土改良效果。水量通过流量计或者水表进行计量。

b.掘进过程中必须定时检查循环水的进出水压力,防止由于循环水问题造成泡沫发泡效果不好,进而导致渣土改良不理想。

c.每环要记录好加水量、出渣量、重量、泡沫量、渣温、渣土性状等掘进参数。

d.刀盘中心部位6根冲水管,掘进时打开,一直冲刷刀盘中心,不能停止,防止糊刀。

e.掘进过程中,出现参数不可控情况及时上报,不能冒进。

③同步注浆控制

a.要求在砂浆拌制时必须严格按施工配合比进行配料、拌制,不得在储浆罐内有砂浆的情况下清洗管路,在隧道内不得向砂浆内加水,不得拌制无水泥砂浆进洞使用。

b.掘进时,注浆速度和掘进速度应相适应,避免砂浆反串到刀盘里面。

c.注浆压力最大不得超过3.5bar,注浆量不少于15m³。

d.及时清理注浆管和盾尾,保证管路畅通,有问题及时反映给值班工程师。

④洞内二次注浆

在黄土地段掘进尤其注重同步注浆及二次注浆的量及凝固时间控制,同步注浆的砂浆凝结时间需调整至6~7h,确保浆液饱满,压力适中,有效控制已成环管片的位移,避免影响到设备拟合。在通过包茂高速公路段掘进时,应当将洞内二次注浆作为一项常备工序。掘进过程中,在安装管片倒数第5~7环时,打开预留注浆孔进行二次补强注浆,确保注浆饱满,减少地层损失,降低地面沉降。同时,注入双液浆快速凝固,稳定脱出盾尾管片为盾构机转向提供侧向推力。二次注浆采用水泥—水玻璃双浆液,水灰比为1:1,双液浆配合比为水泥浆:水玻璃=1:1;在保证管片不发生错台、破损的情况下,尽量多地注入浆液。拟定注浆压力不低于0.3MPa。二次注浆时需要密切关注管片情况,发现管片异常立即停止注浆,以免导致管片错台或破损。

⑤掘进参数管理报警制度

a. 严格控制出渣量,在渣量超标,无法有效控制时,立即保压停机,并向相关负责人汇报情况。

b. 出渣不正常时,每环检测渣土温度至少两次。渣温30℃时为警戒值,当渣温达到警戒值时,现场人员立即分析判断原因并采取措施;如渣温持续上涨,立即保压停机,并向相关负责人汇报情况。

c. 刀盘扭矩变化幅度3500kN·m为警戒值,当变化幅度达到警戒值时,现场人员立即分析判断,并采取措施控制;当达到4000kN·m时,立即保压停机,并向相关负责人汇报情况。

d. 每掘进一环应保证同步注浆量,同时确保注浆管路畅通,原则上必须保证4管注浆。出现一根注浆管堵塞时,立即进行疏通;如在当环掘进完成后仍未疏通时,必须在疏通后再进行下一环掘进;一旦出现两根以上管路堵塞时,必须立即保压停机进行疏通,并及时向相关负责人汇报情况。

e. 到达段掘进时,技术负责人负责组织值班工程师与主司机每天定时对掘进情况进行分析、总结,并沟通后续掘进方案及注意事项。

f. 施工过程中现场作业班组和值班人员必须坚持做好沟通与情况通报制度,严格执行值班制度,对现场发生的其他任何异常情况及时上报。

g. 值班工程师与主司机须真实记录各项掘进参数,尤其是渣土温度、出渣量、渣土重量、泡沫剂用量等。

⑥地表巡视控制措施

掘进过程中,地面安排专人24h进行地表巡查,出现异常时能第一时间通知项目部及盾构操作室,防止事态扩大。地表巡视人员需时刻与监测人员联系,沟通信息。

⑦其他注意事项

a. 在下穿包茂高速公路期间掘进,力争在控制出渣量的情况下快速平稳通过。

b. 黄土地层掘进时,以控制出渣量为主。在出渣量可控的前提下,尽量快速通过。如果出渣量无法控制,不可冒进。

c. 做好人员组织工作,主机室内保证有一名主司机和一名值班工程师对掘进情况进行监视。

(5)监控量测

洞外观察的内容主要包括地表开裂、地表隆沉、建(构)筑物开裂、倾斜、隆沉等状况的观察和记录,根据周边环境状况确定观测频率,且每天不少于1次。

地表变形应按照如下标准进行控制:

①当地表隆起值≤10mm、沉降值≤30mm时,隧道正常施工。

②当地表隆起值为10~15mm、沉降值为30~40mm时,加密监测频率,密切注意施工过程;当地表隆起值≥15mm、沉降值≥40mm时,隧道施工暂缓,进行施工检查,启动应急预案。

(6)应急预案

盾构穿越包茂高速公路期间,可能出现地面沉降过大现象。盾构施工必然引起土层损失,若同步注浆未及时跟上,会导致管片壁后建筑间隙得不到及时填充,从而导致地面过大沉降。包茂高速公路范围内基本为砂质新黄土地层,若同步注浆量不足,或者注浆不及时,隧道内可能出现漏浆、涌泥、漏水、盾构故障停滞等情况,可能引起过大的地表沉降。

针对盾构穿越高速公路可能出现的事故,提前做好预防措施,防微杜渐,彻底消除安全隐患,做到万无一失,穿越前要做到:

①成立风险防范领导小组。

②精心监测,确保准确。

③以监测结果为依据,及时调整施工参数。

④加强注浆管理。

⑤做好设备维修保养。

⑥做好物资供应和应急队伍的储备等。

5.7 硬质土侵入处理技术

白城隧道掘进至1.2km处遇到黄土胶质钙化石,在埋深大于50m处存在下层为硬质老黄土,而上层为砂质新黄土,最大推力达92000kN,造成盾构机推力接近最大值,且掘进速度几乎为零,掘进困难;且在纵向人字坡下坡段,盾构机低头困难。为解决上述难题,需对盾构机进行局部改造。

5.7.1 盾构机土仓改造

1)土仓改造原因

(1)盲区问题

①掘进中3号、5号、7号刀盘在前,与1号、4号、6号后刀盘之间形成盲区,盲区位置渣土积累,导致推力逐渐加大。

②盾体中部位置,左右两侧切削盲区过大,渣土逐渐压实形成泥饼(积渣量达到1~2m³);10号、11号搅拌器与螺旋输送机之间切削盲区呈扇形(上下两端厚,中部薄,中部厚度达25cm),螺旋输送机出渣不顺。

(2)喂料口较小

①螺旋输送机与水平角度过大,螺旋叶片伸出长度不够。

②出渣过程中,在螺旋输送机进口左右两侧盲区位置渣土逐渐积累、挤压形成泥饼,并逐渐往上凝结导致螺旋输送机搅拌叶片上部成拱。

(3)刀盘问题

①因渣土堆积挤压形成泥饼,刀盘在掘进过程中与泥饼相互摩擦,造成刀盘辐条端部和刀盘后部搅拌棒磨损严重,磨损量将近20cm(4号、5号、6号刀盘磨损最明显)。

②刀盘鱼尾刀过长,当第一序列(3号、5号、7号)刀盘掘进到位后,其余刀盘上的鱼尾刀会顶在渣土上,使上部盲区位置在掘进中掉大块状渣(直径达到1m),在刀盘下部形成堆积。

③第一序列(3号、5号、7号)刀盘开口率过大,大块渣土进入前刀盘以后无法得到充分搅拌,导致渣土流动性差。

④10号、11号搅拌器泵站额定工作功率小,搅拌器和螺旋输送机之间积渣后,搅拌器会经常卡死。

2)主要改造项目

(1)1号、2号螺旋输送机喂料口改造。

(2)土仓内增加高压水刀喷射装置。

(3)3点钟和9点钟方向排土板改造。

(4)10号、11号搅拌器格栅磨损严重,对格栅进行修补。

(5)5号刀盘增加后置喷水装置,对5号刀盘背面积渣部位进行冲刷。

(6)4号、5号、6号刀盘辐条端部和刀盘背面搅拌棒磨损严重,对辐条端部进行补焊和更换搅拌棒。

(7)3号、7号刀盘增加格栅板,减小刀盘开口率。

(8)1号、2号刀盘中心撕裂刀更换。

(9)液压系统更换滤芯。

(10)螺旋输送机、皮带输送机的减速器更换初装齿轮油。

3)完成情况

根据白城隧道工程项目部工期安排,项目从2017年1月22日至2017年2月6日按上述改造项目对盾构机进行改造。

(1)完成对1号、2号螺旋输送机喂料口改造。

(2)对螺旋输送机进行加固处理后割除螺旋输送机前端套筒及土仓面板,扩大螺旋输送机进口。

(3)增加高压水刀喷射装置,对螺旋输送机喂料口附近成拱部位进行冲刷。

(4)在土仓面板上新增8个水刀孔,安装8把高压水刀,水刀泵供水压力最大能达到13MPa。

(5)在3点钟和9点钟方向增加排土板。

(6)使用堆焊有耐磨层的Q345钢板对10号、11号搅拌器格栅进行更换。

(7) 在 5 号刀盘辐条前部布置管路,将刀盘中心喷水方向改为向 5 号刀盘背部喷水,因耐磨钢板没到现场,使用 Q235 钢板表面堆焊耐磨层,对 4 号、5 号、6 号刀盘辐条端部进行修补。割除磨损严重的搅拌棒,并将堆焊有耐磨层的 Q345 钢板焊接到刀盘背面代替搅拌棒。液压系统滤芯全部更换,并完成螺旋输送机、皮带输送机的减速器初装齿轮油更换。

5.7.2 刀盘改造

1) 刀盘改造原因

2017 年 6 月底,隧道施工中逐渐出现与地质勘查不符的砂质老黄土地层,导致掘进困难,刀盘与切口的阻力增大,盲区土柱难以破坏直接顶入土仓内隔板上,导致推力增大、无推进速度,且刀盘扭矩也随之增大。

2) 改造总体方案说明

4 号、5 号、6 号刀盘每个都单边扩挖 300mm;由于后刀盘的干涉问题,中间的 1 号刀盘需要将刀梁进行割除,然后用封板将刀梁缺口封堵,如图 5-36 所示。

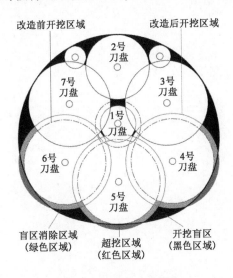

图 5-36 刀盘改造示意图

3) 5 号刀盘的改造

5 号刀盘为前刀盘,扩挖需考虑与 3 号、7 号前刀盘的间距,另外注意与后刀盘 4 号、6 号中心鱼尾刀的间距。

5 号刀盘详细改造主要由以下三部分组成:
(1) 将刀梁加长。
(2) 在刀梁上焊接刀具。
(3) 将中心五方的斜梁割除,并焊接新斜梁。

4) 1 号刀盘的改造

1 号刀盘的改造主要由两部分组成:

（1）割除干涉的刀梁。

（2）将泡沫管封堵,将刀梁缺口封堵。

5）4号、6号刀盘改造

4号、6号刀盘的改造主要由两部分组成:

（1）将刀梁加长。

（2）在刀梁上焊接刮刀。

改造后,盾构机恢复掘进后推力下降至68000kN,速度提升至10~20mm/min,掘进各项参数正常,姿态控制良好。

第6章　管片结构力学测试

盾构隧道衬砌结构现场力学测试是对施工及运营期间管片衬砌结构实际受力状况和围岩体稳定性进行原位跟踪测试,相比于理论分析、数值模拟、室内(外)试验等方法,现场测试是解决隧道结构力学问题的有效手段。盾构隧道管片结构受力状态相对复杂,受施工荷载影响显著,不同施工阶段其受力状态变化相对较大。对管片结构内力进行监测又受到现场施工的影响与限制,存在一些困难。

白城隧道尚属首例大断面马蹄形盾构,马蹄形管片受力状态与圆形管片存在较大差别,在设计时并无可供参考的相似工程实例,因此,安排进行原位跟踪测试,根据实测数据进行分析以了解其受力状态及变化规律。基于不同施工阶段管片结构内力状态,反馈指导施工,对于白城隧道及今后其他马蹄形盾构隧道的设计与施工具有重要的参考价值。

6.1 试验方案

6.1.1 研究工况

白城隧道管片采取错缝拼装方式,因此管片分为奇数环与偶数环,测点编号方式皆为由拱顶按顺时针方向依次为 1~16 号测点,每个测点共布置 4 个传感器,在管片内外层布置 2 个应变计,在内外层钢筋布置 2 个钢筋计。奇数环测点布置如图 6-1 所示,偶数环测点布置如图 6-2 所示。

试验管片安装里程安排见表 6-1。根据现场施工情况,可由现场测试组进行适当调整。

白城隧道试验管片安装里程　　　　表 6-1

量测项目	量测工具	测点布置里程
管片结构内力	应变片(管片内外层布置) 钢筋计(内外层钢筋布置)	DK207+050(中埋); DK207+143.5(中埋); DK207+570、590、600(深埋); DK208+110、130、150(极深埋); DK209+400(中埋); DK209+520、540、560(浅埋)

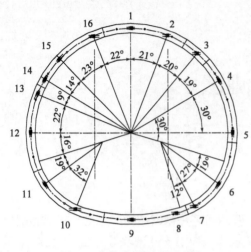 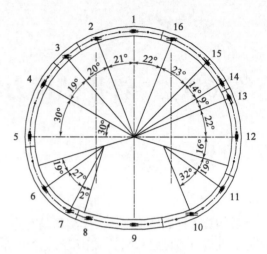

图 6-1　奇数环测点布置示意图　　　　图 6-2　偶数环测点布置示意图

6.1.2　测试内容

1）钢筋轴力

（1）测试方案

采用钢筋计进行钢筋轴力监测。每个断面布设 32 个钢筋计，每个测点在管片内外层钢筋各布置 1 个钢筋计，且保持在同一横断面上，钢筋计测点布置如图 6-3 所示。

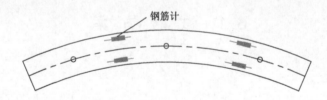

图 6-3　钢筋计测点布置示意图

（2）钢筋计布设流程

流程为：按照测点位置分别截取内外层相应长度的钢筋→将钢筋计安置于断口处→使钢筋计与钢筋的中轴线保持重合→将钢筋计两端与钢筋焊接牢固→读取并记录对应测点及位置处的钢筋计编号。

将数据导线沿钢筋缠绕，最后汇聚于设置的导线引出孔处，对导线进行相关的保护措施，防止在管片制作及运输搬运过程中遭受破坏。

2）混凝土应变

（1）测试方案

采用应变计进行混凝土应变监测。每个断面布设 32 个应变计，每个测点在管片内外层各布置 1 个应变计，且保持在同一横断面上，应变计距管片内外侧距离保持为 5cm，即保护层厚度，应变计测点布置如图 6-4 所示。

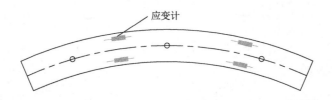

图 6-4　应变计测点布置示意图

（2）应变计布设流程

按照测点位置通过管片内外层钢筋将应变计固定在对应位置→保证应变计距管片内外层距离约为 5cm→安装牢固,在管片制作过程中不易发生较大的位置偏移及掉落情况→读取并记录对应测点及位置处的应变计编号。

同钢筋计一样,将数据导线沿钢筋缠绕,最后汇聚于设置的导线引出孔处,对导线进行相关的保护措施,防止在管片制作及运输搬运过程中遭受破坏。

试验管片安装完成后,将混凝土应变计、钢筋计数据导线沿隧道轮廓方向引至隧道拱腰或拱脚处,并作标志警示,以保证在施工过程中不受损坏及方便数据的读取。

6.1.3　监测频率

盾构掘进施工监测频率见表 6-2。

盾构掘进施工监测频率　　　　表 6-2

监测部位	监测对象	开挖面至监测点或监测断面的距离	监测频率
开挖面后方	管片结构	$L \leqslant 3D$	1~2 次/1d
		$3D < L \leqslant 8D$	1 次/(1~2)d
		$L > 8D$	1 次/(3~7)d

注:1. D 为盾构开挖直径,L 为开挖面至监测点或监测断面的水平距离。
　　2. 管片结构位移、净空收敛宜在衬砌环脱出盾尾且能通视时进行监测。
　　3. 监测数据趋于稳定后,监测频率宜为 1 次/(15~30)d。

6.2　监测数据分析

选取典型的监测断面进行数据分析,其受力状态如下所述。

6.2.1　浅埋断面

浅埋测试断面埋深约为 18m,管片环为偶数环,断面环里程约为 DK209+315(第 1844 环)。现场实测的管片环弯矩、轴力分布如图 6-5、图 6-6 所示,测点弯矩、轴力随时间的变化曲线如图 6-7、图 6-8 所示。

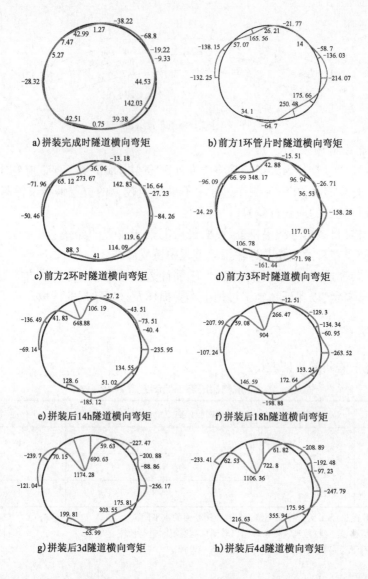

图 6-5 浅埋偶数环弯矩分布（单位：kN·m）

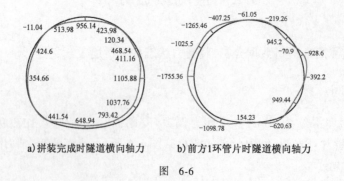

a) 拼装完成时隧道横向轴力　　b) 前方1环管片时隧道横向轴力

图 6-6

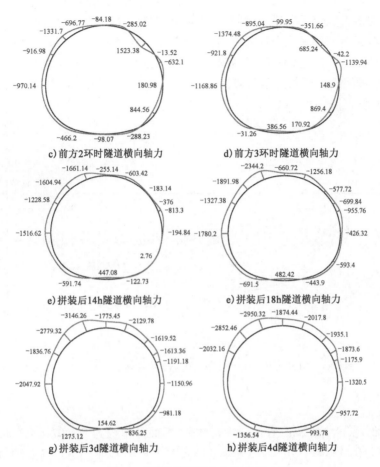

图 6-6 浅埋偶数环轴力分布(单位:kN)

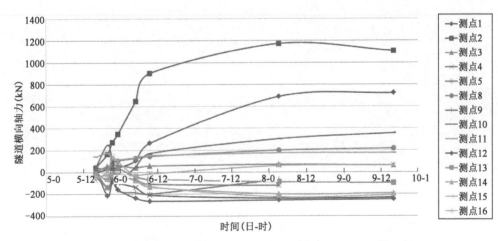

图 6-7 浅埋断面测点弯矩随时间变化曲线(单位:kN·m)(2018 年 1 月)

从图 6-5~图 6-8 中可以看出隧道内力分布有如下特征:

(1)隧道拱顶为正弯矩,衬砌内侧受拉,管片结构受力趋于稳定后弯矩最大值位于拱顶左侧部位,部分内力值大于设计值;隧道两侧位置为负弯矩,其值相对较小,衬砌外侧受拉。

(2)隧道轴力最大值位于拱顶左侧部位,为负值,衬砌受压。

(3)管片结构在施工期间受力较为复杂,内力值变化复杂。

需要说明的是,根据混凝土应变值判断,拱顶及拱底内侧的拉应力超过了 C50 混凝土抗拉强度的极限值,即混凝土可能产生开裂,开裂处的测点(1、2、9、10 测点)内力值是参照混凝土结构基本原理进行计算的。

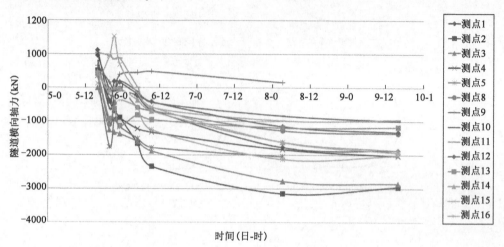

图 6-8　浅埋断面测点轴力随时间变化曲线(单位:kN)(2018 年 1 月)

6.2.2　中埋断面

中埋测试断面埋深约为 24m,管片环为奇数环,断面环里程为 DK207+053.481~DK207+055.077。现场实测的管片环弯矩、轴力分布如图 6-9、图 6-10 所示,测点弯矩、轴力随时间的变化曲线如图 6-11、图 6-12 所示。

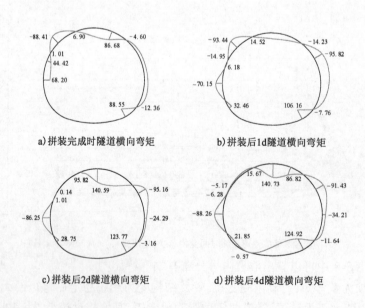

a) 拼装完成时隧道横向弯矩

b) 拼装后1d隧道横向弯矩

c) 拼装后2d隧道横向弯矩

d) 拼装后4d隧道横向弯矩

图　6-9

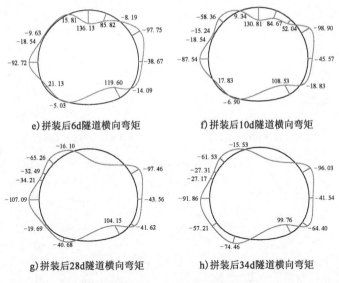

e) 拼装后6d隧道横向弯矩　　　f) 拼装后10d隧道横向弯矩

g) 拼装后28d隧道横向弯矩　　　h) 拼装后34d隧道横向弯矩

图 6-9　中埋奇数环弯矩分布(单位:kN·m)

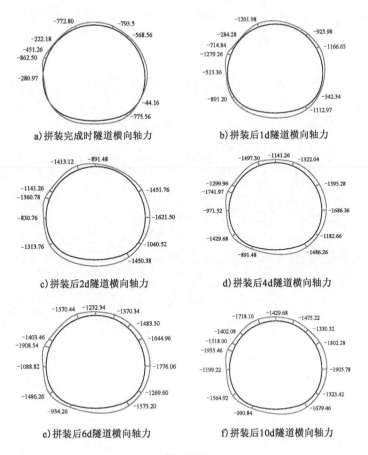

a) 拼装完成时隧道横向轴力　　　b) 拼装后1d隧道横向轴力

c) 拼装后2d隧道横向轴力　　　d) 拼装后4d隧道横向轴力

e) 拼装后6d隧道横向轴力　　　f) 拼装后10d隧道横向轴力

图 6-10

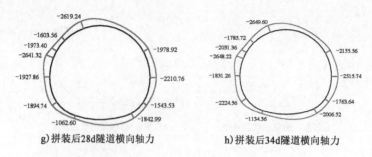

g) 拼装后28d隧道横向轴力　　　　h) 拼装后34d隧道横向轴力

图 6-10　中埋奇数环轴力分布(单位:kN)

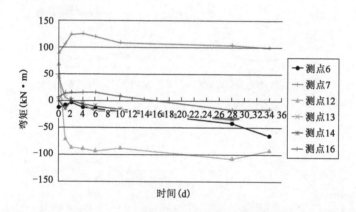

图 6-11　中埋断面测点弯矩随时间变化曲线

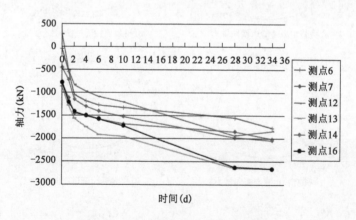

图 6-12　中埋测点轴力随时间变化曲线

由图 6-9 可知,管片结构弯矩分布特征为隧道拱顶、拱底为正弯矩,衬砌内侧受拉,拱顶弯矩最大;隧道左右拱腰位置基本为负弯矩,衬砌外侧受拉,左拱腰和右拱肩弯矩较大。实测管片结构弯矩呈非对称分布。

由图 6-11 和图 6-12 可知,施工荷载对管片内力影响显著,待完成同步注浆,管片环脱出盾尾后,管片结构内力相对趋于平稳,但后期内力仍有发生一定幅度变化的情况。因此,有必要对管片结构内力进行长期监测分析,以便合理评判管片结构的安全性。

6.2.3 深埋断面

深埋测试断面埋深约为 59m,管片环为偶数环,断面环里程为 DK207 + 820.579 ~ DK207 + 822.164。现场实测的管片环弯矩、轴力分布如图 6-13、图 6-14 所示,测点弯矩、轴力随时间的变化曲线如图 6-15、图 6-16 所示。

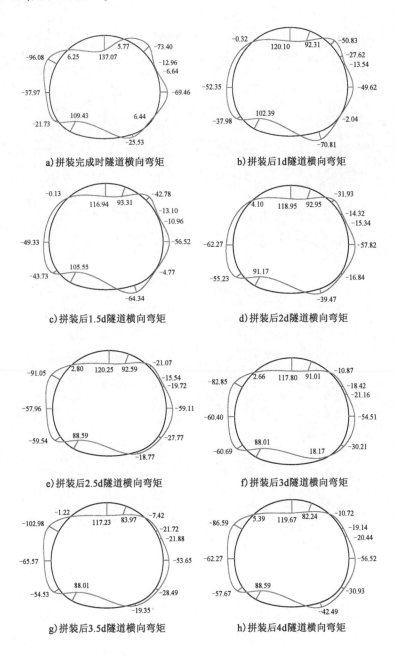

图 6-13

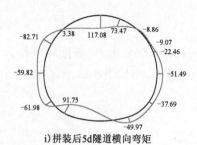

i) 拼装后5d隧道横向弯矩

图6-13 深埋偶数环弯矩分布(单位:kN·m)

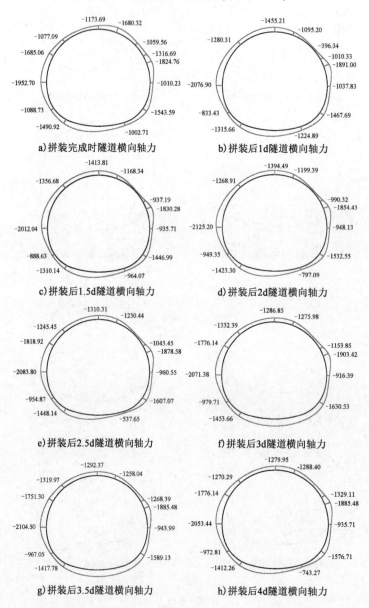

a) 拼装完成时隧道横向轴力 b) 拼装后1d隧道横向轴力

c) 拼装后1.5d隧道横向轴力 d) 拼装后2d隧道横向轴力

e) 拼装后2.5d隧道横向轴力 f) 拼装后3d隧道横向轴力

g) 拼装后3.5d隧道横向轴力 h) 拼装后4d隧道横向轴力

图 6-14

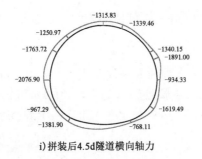

i) 拼装后4.5d隧道横向轴力

图 6-14 中埋奇数环轴力分布(单位:kN)

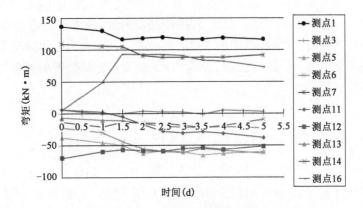

图 6-15 深埋断面测点弯矩随时间变化曲线

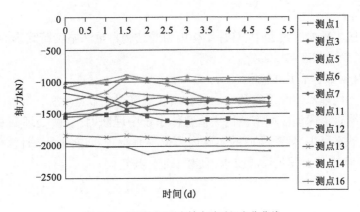

图 6-16 深埋断面测点轴力随时间变化曲线

深埋测试断面管片环为偶数环,其弯矩、轴力分布与中埋断面(奇数环)内力分布基本相似,但呈反对称分布。监测期间,深埋断面最大弯矩位于拱顶处,为正弯矩,其值在 117 ~ 137kN·m 范围内,略小于中埋断面拱顶弯矩值(130 ~ 141kN·m);深埋断面最大轴力值在 −1953 ~ 2125 kN 范围内,位于拱腰处,而中埋断面最大轴力值在 −862 ~ 2650 kN 范围内,也位于拱腰处。整体来看,中埋断面管片结构实测内力略大于深埋断面,与设计计算内力较为一致。

6.2.4　实测内力与设计计算内力对比分析

(1)内力值大小对比分析

设计内力标准值(1.6m):其中埋断面拱顶弯矩为668kN·m,拱腰处轴力为-6366kN;其深埋断面拱顶弯矩为448kN·m,拱腰处轴力为-4114kN。可知,中埋、深埋管片结构的实测内力显著小于设计计算值(分别为34%和49%),因此,中埋、深埋管片混凝土结构承载力足够富裕,结构安全可靠。

(2)受力状态对比分析

由设计计算的内力值而求得的偏心距可知,偏心距基本在0.10~0.20之间,个别小于0.10或大于0.20。而实际管片的偏心距在0.19~0.26之间。综上可知,设计计算内力所求得的偏心距小于实际管片的偏心距。中埋、深埋段的实测内力均处于小偏心受压状态,与设计的结构受力状态较为相符;浅埋段由于出现塌陷拱顶部位处于大偏心受拉状态。

综合设计及实测内力,管片结构在正常情况下的受力状态是处于小偏心受压状态。

6.3　分 析 总 结

为了分析管片结构力学特征,验证设计计算结果,在管片制作过程中,在钢筋笼上预埋钢筋计和混凝土应变计,以测试管片钢筋和混凝土的应力、应变。共设置12环测试管片,其中浅埋段3环,中埋段3环,深埋段3环,极深埋段3环,以监测不同埋深条件下管片结构的实际受力状态。

(1)管片拼装

同步注浆及脱出盾构等过程中,管片结构内力受结构自重和施工荷载影响显著,随着管片壁外浆液的凝固,受力状态趋于稳定。

(2)通过现场对试验管片的监测

揭示了隧道不同埋深情况下管片内力的分布状况和受力状态:各个断面最大弯矩所在部位基本位于拱顶附近。深埋断面实测内力值整体小于中埋断面,该两处埋深断面管片结构均处于小偏心受压状态。中、埋深断面的实测内力值显著小于相应的设计计算值(分别为34%和49%),管片结构承载力满足设计要求,且有一定优化空间。

第7章 盾构数字化技术与管理平台

7.1 盾构机制造数字化技术

盾构机数字化技术是国内盾构机智能制造水平的关键,国外先进水平盾构机制造企业的产品设计的数字化率达到极高水平,关键工序装备自动化已建立了智能化精密成形系统,且各系统之间已实现互联互通。盾构机制造通过搭建数字化设计、数字化供应链和数字化生产等平台,不仅能大幅度提升企业在盾构机行业的竞争能力,而且还可以建立"产品技术、制造技术和运行维护技术三领先"的盾构机智能制造新模式。

7.1.1 数字化设计

数字化设计解决方案是以三维设计为核心,并结合产品设计过程的具体需求所形成的一套解决方案,是盾构机数字化制造的重要组成部分,数字化设计的产品模型、结构化(BOM)数据、建模规范等将成为公司重要的数据资产,为实施企业资源计划(ERP)、制造执行系统(MES)等智能制造业务提供研发数据基础,同时积累形成产品方案库、经验知识库,沉淀形成公司产品研发核心知识资产。

(1)数字化设计平台架构

数字化设计是以 Creo 三维建模、Windchill 协同平台等成套软件为支撑,统一配置三维设计环境,建立三维化的标准件、通用件库,建立设计专家导航系统及盾构机产品数据管理系统(PDM),从而规范产品设计开发流程,提高设计协同性和设计质量可靠性,缩短产品设计交付周期。数字化三维在线协同研发平台架构如图 7-1 所示。

(2)数字化设计在中铁装备的应用实践

针对隧道掘进机产品设计效率低、研发周期长等现状,中铁装备集团有限公司(简称"中铁装备")通过建立产品平台,利用平台化设计手段,实现产品线、跨产品间的平台技术资源共享。平台化设计按照"划分建立产品线—划分产品平台—划分产品模块—搭建超级 BOM"的工作思路,通过产品参数驱动,以模块选型选配重组的设计模式,有效缩短研发周期,稳定产品质量。

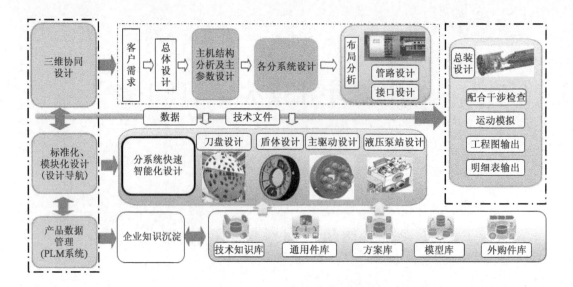

图 7-1 三维在线协同研发平台架构

7.1.2 数字化供应链

数字化供应链是以客户为中心的平台模型,通过多渠道实时获取,并最大化利用数据,实现需求刺激、匹配、感知与管理,以提升企业业绩,并最大程度降低风险。

(1) 数字化供应链转型的架构

数字供应网络(DSN)通过使用实时数据更好地为决策提供信息,提供更大的透明度,从而提供端到端的可见性和透明性、增强整个供应网络之间的协同,克服了线性供应链反应过程的延迟行动。

数字化供应链架构包含数字化供应链协同平台、数字化计划和数字化运营生态系统,中心是具有供应链智能大脑的数字化供应链控制塔,底层是数字化供应链的基础设施。

数字化计划是供应链战略的核心,供应链运营产生的数据通过供应链数字生态系统的分析大脑产生供应链运营的洞察,这些洞察将用于优化和改进数字化计划,以及供应链运营、采购、生产、物流和服务。数字化供应链就是通过采用现代数字技术,实现供应链过程的高效协作与自动化,从而实现降本增效,显著降低合规风险,将供应链部门打造成企业新的价值创造中心。

(2) 数字化供应链在盾构机制造中的应用

盾构机生产的特点是:客户要求工期紧、设计更改频繁造成物料供应与实际生产不符,基础数据不规范且数量大,大部分物料无条码,超量收发,库存管理范围广链路长、仓库模型复杂及多系统集成难度大等。在规划数字化供应链解决方案时,遵循"先宽松再严谨"的原则,"宽松"的约束可以让系统先适配业务,逐步让基础运行数据规范化;再采用"严谨"的原则来进行规范约束,以满足盾构机制造过程中财务严谨性的要求。企业数字化供应链有着体验至上、可链接、可感知、可决策、可调度、快速响应的特点。通过信息系统,供应链中供应商、客户、服务商等在制造、流通、售后等相关环节更加透明、打通、协同。通过采购管理、库存管理和存货管理的整体结合，建立整体管理平台，对采购计划下达、采购订单签订、物料的收货入库及领料出库进行全程可追溯管理。管理人员对内部和外部信息的掌握也更加完备、及时、准确，有效地促进了企业上下级、各部门之间、内外部之间的及时沟通，进而提升了合同审签及物流、资金流等管控能力。

7.1.3 数字化生产制造

(1) 数字化生产制造架构

数字化生产制造是指在数字化技术和制造技术融合的背景下，依托虚拟现实、计算机网络、快速原型、数据库和多媒体等支撑技术的支持，根据用户的需求，迅速收集资源信息，对产品信息、工艺信息和资源信息进行分析、规划和重组，实现对产品设计和功能的仿真及原型制造，进而快速生产出满足用户要求产品的整个制造全过程。数字化制造定义的内涵包括数字化设备层、数字化控制层和数字化车间执行层。

数字化车间执行层作为连接设计与制造、控制与管理的桥梁，与底层的设备运行状态监测及上层的 ERP、PDM、质量大数据分析等系统都有稳定、开放的集成接口，可实现从设计/工艺、管理、制造等多个层次的数据共享和信息沟通。基于"软硬件管控一体化"原则，建立企业管理、研发与生产信息一体化集成平台。通过实现设计与工艺、制造、计划、采购等部门的信息集成和过程集成，对于集成接口的过程进行日志记录、出现异常的接口过程进行及时日志分析和处理，缩短了中间信息交互、过程评审的时间，真正达到联通数字化设计、数字化制造和数字化管理，最终实现数字化企业目标。

(2) 数字化生产制造具体实践

盾构机属于大型复杂产品，单件生产（或极小批量）。零部件属于大型超重件，装配过程为场地立体作业。产品结构复杂，零部件种类繁多，产品开发、生产制造周期长，设计、采购、生产同步进行。根据盾构机生产中的上述特点，数字化制造规划方案在全工序数字化生产线上，实现 PLM、CAPP、ERP、MES、SCADA、PLC 一体化系统，重点落实"一个基础、两条路线、N 个单元、三层展现"：以设计、工艺数字化为主要数据驱动源（一个基础），通过数据驱动的计划、执行路线和物联化标识的内部物流路线（两条路线），交汇到设备、工位、场地、炉窑等具体数字化作业单元（N 个单元），对单元、区域、工厂完成实时、在线、准孪生化的展现（三层展现），共同构造数字化生产工厂。根据工人/检验员提交的完工信息（或自动采集的信息）形成生产执行监控及可视化看板，监控生产进度，生成不同粒度的（订单、产品、生产线）进度报表。以多种展示方式查看工程产品生产进度，实现生产过程可视化、透明化，实现生产过程全程追溯管理。数字化制造总体实现方案如图 7-2 所示。

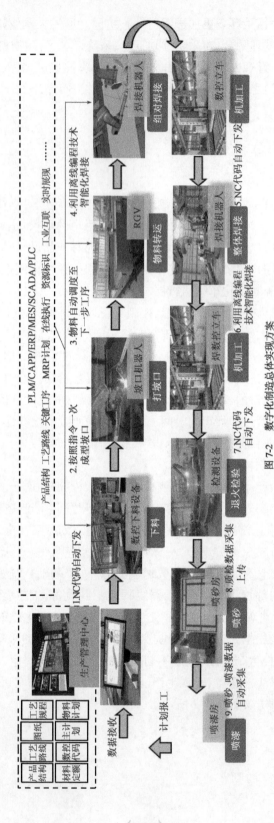

图 7-2　数字化制造总体实现方案

7.2 建筑信息化模型(GIS+BIM)技术

7.2.1 隧道 BIM 技术现状

国内隧道工程中 BIM 技术的应用处于起步阶段。各大铁路隧道建设公司正大力推动 BIM 技术在隧道工程中的应用,相继组织专业人员启动了隧道工程全生命周期信息化关键技术的研究。并且开展隧道工程中 BIM 技术的技术路线研究以及相关配套 BIM 技术框架标准的建立工作。目前,国内各大铁路设计单位均有了相关的研究成果。

(1)中铁二院工程集团有限责任公司对于隧道工程中 BIM 技术的探索和应用主要是基于达索平台,并将其应用于宝兰客运专线石鼓山隧道工程中,如图7-3所示。该工程使用 BIM 技术建立三维信息模型,并将该模型运用于计算工程量和二维出图等方面,还将该信息模型运用于后续项目的施工和运营维护当中,效果相当显著。设计阶段信息化程度越高,在后续阶段中就能共享更多设计阶段的信息,能有效减少因信息脱节而产生的问题,避免发生工程返工,减少资源浪费。

图 7-3 在宝兰客专石鼓山隧道中使用 BIM 技术

(2)中铁第四勘察设计院集团有限公司目前则主要采用的是 Autodesk 平台进行 BIM 技术的研究,于福平铁路的新鼓山隧道尝试使用 BIM 技术进行设计阶段的设计及施工进度设计,制定了其内部使用的实施标准,并提出山岭隧道施工 BIM 技术设计的技术路线,在这个工程中,各专业人员都参与进来协同工作,共同完成整个隧道的 BIM 设计。建立的 BIM 模型非常精细,附加的信息完整准确,直观清晰地展现了隧道的结构及其相关信息,施工、运维阶段均可运用这些模型来解决问题,大大降低了解决问题的难度和成本,方便了对工程的管理工作。

(3)上海地铁运营有限公司在项目建设中也引进了 BIM 技术,如地铁9号线延伸线、12号线、13号线、14号线、17号线等都使用了 BIM 技术对工程设计和施工进行辅助工作,增加了整个工程的整体性和质量,当发生项目的变更时能够更加高效、有效地减少资源的浪费,避免工期延误。目前,全国各地铁公司也相继开始运用 BIM 技术来完善整个地铁的设计和施工,如成都地铁3号线(图7-4)、北京地铁7号线,长沙地铁2号线、厦门地铁1号线等。但是从过程来看，多数地铁主要在车站建设方面运用 BIM 技术，因为车站和传统的房屋建筑较接近，能借鉴的 BIM 技术路线和标准较为完善。

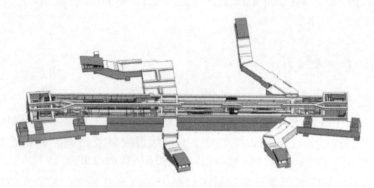

图 7-4　成都地铁 3 号线站后工程施工中运用 BIM 技术

目前我国地铁 BIM 技术运用在地铁区间隧道的研究很少，仅有少量试点工程作为参考。例如在上海地铁 12 号线的施工阶段过程中，工程师们建立了施工的三维可视化平台，该平台是以设计阶段建立的三维信息模型为基础，并整合了项目实施时的施工进度、隧道变形数据、沉降数据等共 14 项监测数据，通过三维可视化平台展示出来，并能够将重要的信息及时通知相关用户，使用户能够清晰地知道隧道正在发生什么，并提前做出预防措施和相应维护措施。

(4) 国外在隧道工程中使用 BIM 技术也在火热开展。一个成本约 159 亿英镑 (约人民币 1361 亿元) 的地铁项目 (Crossrail) 正在伦敦开展着，该项目是建设一条总长 118km 从东至西横贯整个伦敦市的铁路工程，该项目包含了 42km 的隧道工程，37 个车站的建设等。在该项目中，工程人员运用 BIM 技术创建庞大的信息资源网络，不仅满足工程设计施工要求，也为运营与养护提供信息支持，该项目主要采用 Bentley 平台探索基础设施项目 BIM 技术的运用。该工程的 Crossrail BIM 技术文件包括 1 个中心数据库、86 个规划设计和施工合同、31 个主要工程合约、832000 个电子文档、1275000 个 CAD 文件，图 7-5 所示为该项目中的一个站台应用 BIM 技术进行碰撞检查，直观可靠。该项目对于地铁行业甚至整个隧道行业中 BIM 技术的运用无疑是革新性的，对于推动 BIM 技术在隧道工程中更完善和更成熟起着重要的作用，该项目的建成对于其他类似建设项目具有重要的参考价值。

7.2.2　BIM 实施技术路线

1) 软件的选择

对于 BIM 设计，暂无针对隧道行业的专业建模软件。目前 BIM 技术运用的主流软件平台方案主要有三个，即欧特克 (Autodesk) 平台、达索 (Dassault) 平台以及奔特力 (Bentley) 平台。对于隧道的三维数字建模过程，在软件平台的选择上需要重点考虑以下三方面的问题。

(1) 建模平台软件对硬件的要求。

(2) 软件的格式兼容性。

(3) 软件所能提供功能于项目要求来说是否满足。

图 7-5 英国 Crossrail 工程项目应用 BIM 技术

经过比对，Bentely 系列软件是更好的选择。MicroStation 设计工作平台有着很强的统一性，有着与行业发展一致的应用和发展方向，拥有强大的企业管理与协同功能及完善的数据交互能力。更重要的是有着可扩展全生命期的解决方案，与隧道 BIM 的理念最为接近，可以满足现代隧道设计和支持隧道基础设施的需要。AutoDesk 系列软件也有着很强的通用性和兼容性，可作为辅助设计软件。综合考虑，选择 Bentely 系列软件作为主要建模软件。

除了利用设计参数进行 BIM 建模外，还加入基于隧道现场数据的 BIM 模型。即通过三维激光扫描仪采集隧道施工过程及施工后的现场数据，通过专业的隧道点云分析软件"智隧三维激光点云处理分析系统（TK-PCAS）"对采集的隧道数据进行分析，从而建立基于隧道真实数据的 BIM 模型。

2）项目 BIM 内容概述

结合工程实际及项目具体要求，本项目主要从两个方面建立隧道 BIM 模型：一是基于设计数据建立 BIM 模型，根据设计数据对隧道进行三维数字建模；二是基于隧道现场数据建立三维数字模型，基于此模型可以实时反馈现场施工状况，并指导施工。本项目中完成的内容如下：

（1）地质条件三维数字模型；主要通过设计图中提供的等高线进行地形建模，然后通过地表模型生成三维实体，并根据纵断面图对隧道地质进行分割处理，生成比较真实的地质三维模型。

（2）隧道及管片结构三维数字模型。主要是精细化建立隧道结构，其中包括洞门、明洞、管片及其他结构，建立一个完整的隧道结构模型。

（3）施工过程及控制三维数字模型。过程主要通过相应的技术手段模拟施工进度、检测施工质量等。

7.2.3 BIM 模型建立过程

1）地质条件三维数字模型

（1）地质三维建模概况

隧道工程 BIM 技术和房屋建筑 BIM 相异之处在于隧道工程高度依赖于地质条件，而且地质条件千差万别,细节部分难以准确地勘测。而传统的地形展示方式是通过等高线的二维形式展示出来,不能直观地体现出地形的复杂和完整程度。所以通过建立地质三维数字模型可以形象地展示隧道所经过的地质条件和地形空间情况。

从设计的角度来看,地形图中含有大量的高程点和等高线数据,通过高程相等的闭合曲线,可以作为地形曲面建模的基础;另外还有钻孔数据资料,钻孔探测是地质勘探的常用方法,能对隧道沿线的地质情况,如岩性、含水等做定量判断,通过对钻孔柱状图的整理,对地形进行简单的分层,为三维地形分层建模提供依据。

地质条件三维数字模型中,在参考地勘报告和隧道纵断面图的基础上,过滤出有效信息,结合现场施工的实际情况进行修正,建立真实地理环境,完成了大范围带状无缝可量测的参数化地形数字模型的建立,实现了建立真实地理环境的目标(图7-6)。将可量测的立体实景信息直接提供给设计人员,使其可在实景立体环境下直接进行设计,如图7-7所示。同时,后期此模型还可与地图工具、GIS工具有效地关联,实现信息集成。

图7-6 地质条件三维数字模型

图7-7 地质条件三维数字模型剖面图

(2)地质三维数字模型建模过程

选取的软件平台上拥有大量的软件为其服务,其中有一项为土木交通行业配套软件,其中包含有大量针对土木交通行业设计的相关功能,如生成地形模型、平纵曲线、横断面、超高渐变、曲线加宽等,它能将这些信息集中在一个信息模型上。它能够完全融合三维线路设计与结构物实体建模,是优秀的三维道路专业BIM软件。在该软件中,可以通过直接导入DTM文件、DDF文件、TIF文件等常规地形数据文件的形式直接导入地形模型;已经具有地形的等高线数据,也可以通过等高线和高程点直接生成地形模型,下面阐述通过等高线来生成地形模型的建模过程。

生成地形模型是通过软件中"按图形过滤器创建地形模型"命令生成地形,主要包括参考地形等高线、创建图形过滤器、生成地形模型和地形模型分层四个步骤。

①参考地形等高线

根据"地形等高线图",其中包含带有高程信息的等高线图,如图 7-8 所示。

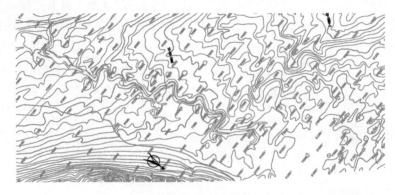

图 7-8 地形等高线示意图(局部)

在 MicroStation 系列软件中具有"参考"的概念,通过参考仅能够将被参考的文件中的位置信息等参考进来,在文件中无法对被参考的文件进行修改。因为被参考模型仅有位置信息被参考进来了,其模型细节全在其他文件中存储,与本文件无关,因此该文件所占用的内存大小几乎不受影响,优化了建模环境。在 Bentley 系列软件中,dwg 文件是可以和 dgn 文件无缝连接的,因此可以直接参考 dwg 文件。

在软件中通过参考的形式,把地形等高线通过"参考"的形式 1∶1 参考至模型空间中,如图 7-9 所示。原图纸的地形等高线数据导入了软件中,下面开始生成地形模型。

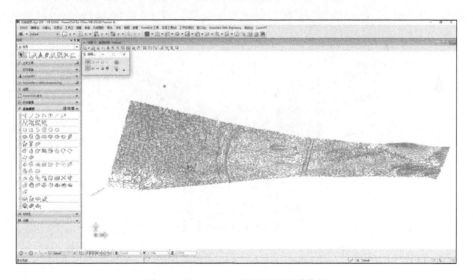

图 7-9 MicroStation 中的地形等高线数据

②创建图形过滤器

由于导入的等高线中还包含了许多不需要的信息,包括很多文字和无用的多边图形,这都会对生成地形模型产生干扰。建立地表模型仅需要具有高程信息的等高线数据,因此需要创建"过滤器",把这些对于创建地形无用的数据过滤掉。

选择"按图形过滤器创建地形模型"命令,由于新建文件中没有创建任何过滤器,因此直接跳转至地形过滤器创建中。在"地形过滤管理器"中新建一个过滤器,命名为"等高线"。在新建的过滤器中的"特征类型"选择"等高线"类型。此时的过滤器不具有过滤功能,因为还没有指定过滤类型。进入"编辑过滤器",选择需要过滤出来的元素类型特征,如图7-10所示。

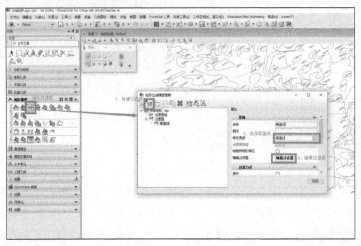

图7-10 新建过滤器

在编辑过滤器中,有多种可供选择的元素类型特征(图7-11),通过对地形等高线数据元素的查看可以得知等高线具有"线串"和"多边形"两种元素类型,并且属于"710101"和"710102"两个层。在编辑过滤器中选择这些过滤条件,进行预览,可以查看是否所有等高线都已被选择(图7-12)。经过检查,所有等高线均被选择。点击"完成"即创建过滤器完毕。

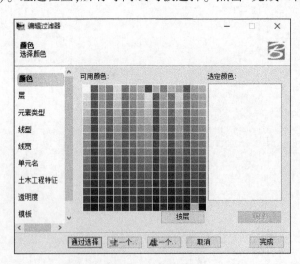

图7-11 编辑过滤器

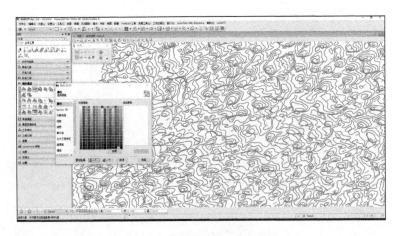

图 7-12　预览等高线的选择情况

③生成地形模型

创建完过滤器后即可通过过滤器把等高线过滤出来生成地形模型,再次选择"按图形过滤器创建地形模型"命令,选择已经创建好的等高线过滤器,如图 7-13 所示。

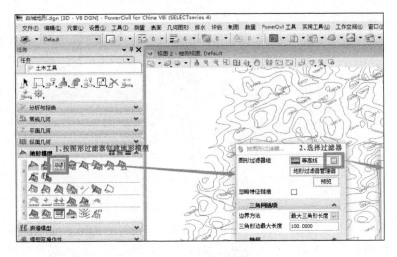

图 7-13　选择过滤器

在软件中生成的地形表面是通过三角网格来形成的,为了得到更加精确的地形模型,边界方式选择"最大三角形长度",最大三角形长度输入"100"。在空白处单击左键,即可生成地形模型,如图 7-14 所示。

查看地形信息：完成地形模型的建立后,可以在软件中查看地形模型的原始信息,如等高线信息、流向箭头、高低点等信息,如图 7-15 所示。这能够帮助更清楚地掌握工程中的地形信息,对实现设计选线可视化具有重要意义。

④地形模型分层

根据"地勘报告"和"隧道纵断面图"中的地质分层的信息,结合现场施工的实际情况进行修正,建立真实地理环境,完成了大范围带状无缝可量测的参数化地形数字模型,实现了建立真实地理数字环境的目标。

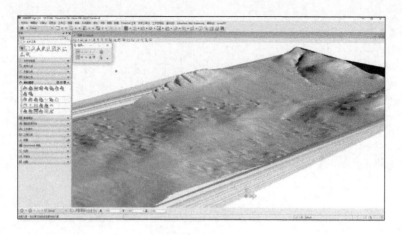

图 7-14 地形模型

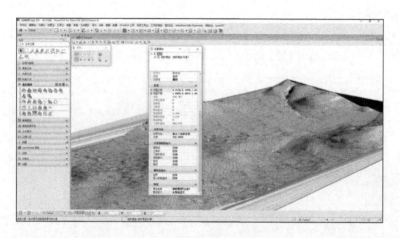

图 7-15 查看地形信息

在已有的地形模型基础上,根据"地勘报告"和"隧道纵断面图"中的地质分层的信息,在软件中绘制出地层分布。通过如图 7-16 所示的地质条件三维数字模型纵断面剖面图和图 7-17 所示的地质条件三维数字模型横断面剖面图能够清晰地看到地层分布情况,并结合信息附加,能够对地层信息进行整合,实现浏览一个模型即可了解所有地层信息。由于隧道与地质情况关系十分密切,地质条件复杂多样,可能会穿越断层、破碎带、节理密集带,甚至有可能遭遇岩溶、滑坡、塌方等不良地质现象。因此地下情况可视化能为设计人员和施工人员提供更清晰、更直观的地下信息作为参考,减少资源浪费。

2)隧道及管片结构三维数字模型

本部分建模主要包括进、出口洞门、明洞及管片的三维建模。旨在通过建立精细化模型统计工程量、模拟施工工序,从而在施工前发现设计、工序中的问题,提前优化。

(1)进口段构造物三维数字模型建模

进口段构筑物的三维数字模型的建立工作主要包含进口明洞建模、进口洞门建模、盾构始发建模结构。现对建模工作进行分析:该洞门设计为翼墙式洞门,洞门的几何结构为简单的直几

图 7-16　地质条件三维数字模型纵断面剖面图

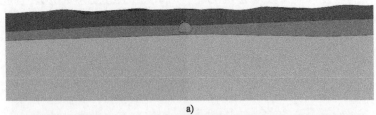

a)

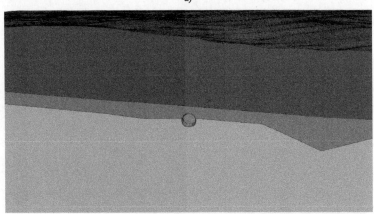

b)

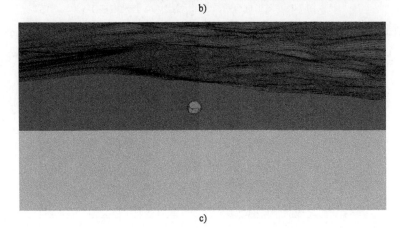

c)

图 7-17　地质条件三维数字模型横断面剖面图

何体构成,可经过简单的拉伸剪切及布尔运算获得,其建模的难点是斜面的定位与剪切。对于进口明洞段,其结构亦为简单的直柱体,仅需通过拉伸或放样即可获得,但是应注意明洞的竖曲线坡度,需按照设计坡度进行精准放样。对于盾构始发基座,因其结构复杂,需要清晰了解结构或构件之间的几何位置关系,以免出现构件的冲突与碰撞,做到精细化建模。

通过本次进口段构筑物的建模,不仅可以得到洞口构筑物的详细几何信息,如体积、面积等。还可以检查二维设计图的不足与错误,做到碰撞检查与消除,为信息化施工提供三维数字模型基础。

①进口明洞建模

进口明洞段包括明洞段和明洞加强段,首先建立明洞段模型。白城隧道进口地质情况较差,盾构机无法直接进洞,为了提供盾构始发条件并对隧道做一定防护,在隧道进出口设置210m长明洞。明洞段设计最大坡度为0.45%,明洞段施工方法为明挖法,且隧道断面形状沿坡度为0.45%的线路中线不变。进口明洞的原始设计断面如图7-18所示。

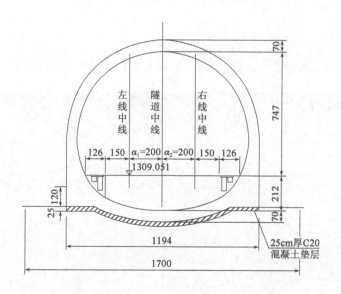

图7-18 隧道进口明洞断面示意图(尺寸单位:cm)

因为隧道断面形状沿线路中线不变,所以明洞的三维建模相对较简单,MicroStation软件拥有对AutoCAD强大的兼容能力。即可以将已经设计好的二维明洞断面的dwg文件直接使用MicroStation软件打开,如图7-19所示。

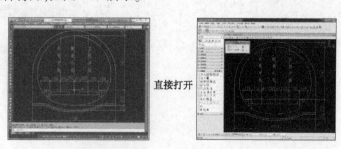

图7-19 MicroStation直接打开dwg文件

将直接导入的断面图进行处理,生成相应的平面,可以直接得出对应的断面的面积。直接得到选中的断面面积为 28.8031m²,如图 7-20 所示。

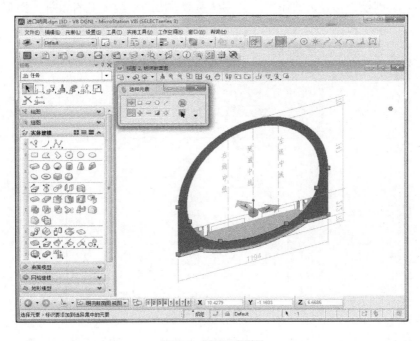

图 7-20 断面面积测量

将断面沿线路中线放样即可得到明洞的三维实体模型,通过选择相应的部分,可以直接读取该部分的体积。10m 长的选中模型体积为 97.2338 m³,如图 7-21 所示。

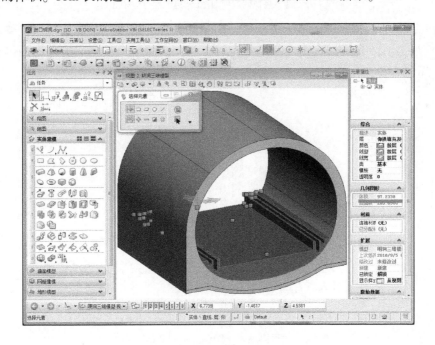

图 7-21 实体体积测量

值得一提的是，MicroStation 软件也拥有强大的二维出图能力，可以将建立好的三维模型进行二维出图工作，与最初的 dwg 文件进行设计对比，即可检查三维模型的正确性，还可以发现原有设计的不足，起到检查与修正的作用。由三维模型导出的二维施工图如图 7-22 所示。

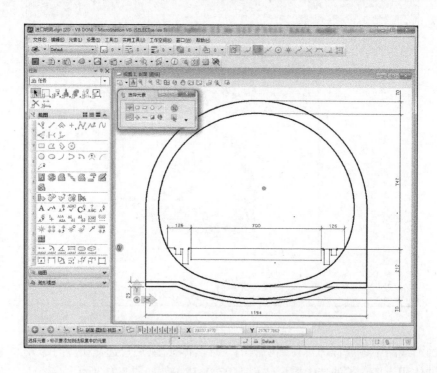

图 7-22　隧道进口明洞断面图(使用三维模型导出)

明洞段完成后，按照相同的步骤进行进口明洞加强段的建模。明洞加强段提供盾构机推进时所需的反力，盾构始发时，推力主要集中在下半部。所以其衬砌厚度要比明洞段的衬砌后，其尺寸如图 7-23 所示。

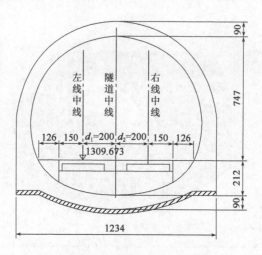

图 7-23　明洞加强段断面示意图(尺寸单位:cm)

将明洞与明洞加强段按照中心线位置及里程放在同一坐标系下,整个进口段明洞模型如图 7-24 所示。

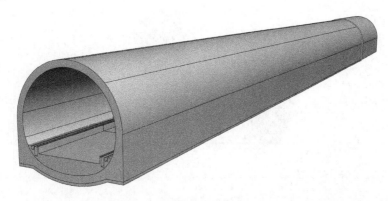

图 7-24 明洞整体模型

完成的明洞结构模型就可以作为进口洞门和盾构始发结构建模的基础,在洞口和盾构始发结构建模时可以将明洞模型"参考"进去,重复利用原有成果,提高建模效率。同时这种建模方式也可以保证各个模型完成后能够正确地拼接成一个整体。

②进口洞门建模

白城隧道进口段采用翼墙式洞门,翼墙式洞门由端墙和翼墙构成。在模型建立过程中,将翼墙式洞门模型分为三部分:端墙、翼墙、挡土墙。建模思路是通过分部建模后再将模型拼合而成。在建模过程中注意尺寸的精确对照,以免出现模型拼合有误的情况。具体建模过程如下所述。

隧道洞门向前连接洞门护翼,向后连接隧道衬砌,由于隧道断面呈马蹄形,故存在许多曲面与斜面,这是本次洞门三维建模的一大难点。MicroStation 软件提供了利用直线来剪切实体功能,故绘制洞门斜面相较于其他软件来说较容易。另外细部细节如排水管的建立有一定难度,可以通过放样加布尔运算实现。其他部分均可通过简单的二维拉伸实现。

按照分部建模再拼合的思路,首先建立翼墙模型,翼墙的几何特征为沿轴线拉伸的直几何体,故具体建模方法是将翼墙断面(底面)画出,后沿轴线拉伸即可。因左右翼墙沿隧道中线呈镜像对称分布,故仅需建立一边翼墙,后沿着隧道中线作镜像即可。翼墙中分布有排水槽与排水孔,在建模过程中使用布尔运算命令对翼墙进行掏槽掏孔,过程需注意掏槽与掏孔的定位工作。将模型建立完毕,可以查看翼墙实体的几何信息情况。通过软件可以快速查得其体积为 $79.3487m^3$。翼墙模型如图 7-25 所示。

端墙的作用是抵挡来自坡面土体的压力,故其几何结构为较厚的墙体结构,其上同样分布有排水槽与排水孔。端墙的建模难点在于其临空面为斜面,斜面位置难以定位。分析后可以发现,端墙的几何结构在沿轴线方向也是直柱体,但在垂直于轴线方向存在一定坡度的斜面。通过软件中的"锥面"功能得到斜面,从而建立隧道端墙。通过软件可以快速查得其体积为 $288.6706m^3$。端墙模型如图 7-26 所示。

挡土墙的作用在于挡护正面楔形土体的推力,其几何构成上也是沿着轴线的直柱体,其建模思路与隧道翼墙的建模思路一致,建模得到的挡土墙模型如图 7-27 所示。

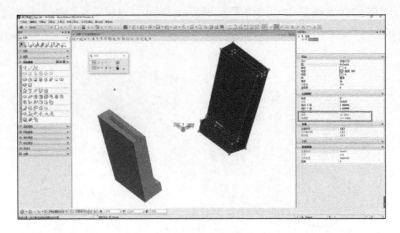

图 7-25 翼墙模型

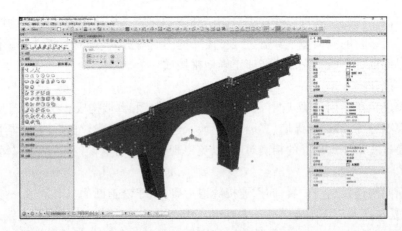

图 7-26 端墙模型

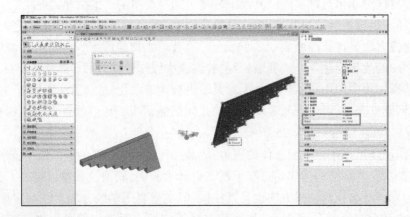

图 7-27 挡土墙模型

通过以上三部分的模型建立，完成了隧道翼墙式洞门的模型分块建立，将各个部分的模型按照统一坐标系放在一起后得到完整的翼墙式洞门的三维数字模型，如图 7-28 所示。

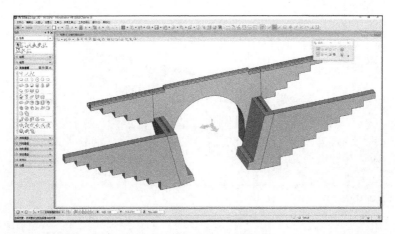

图 7-28　白城隧道洞门三维模型

图 7-28 为建立好的洞门三维模型，按照建立明洞的思路，同样可以使用建立好的三维模型进行二维工程图的导出。将得到的二维工程图与原有设计图进行比较，以检查三维模型建立的正确性，同时可以做到对原设计的检查与修正。

进口洞门实际效果与渲染图对比如图 7-29 所示。

a) 实际效果

b) 渲染图

图 7-29　进口洞门渲染图与实拍图

③ 盾构始发结构建模

进口段为盾构机始发处，DK206+547.34~DK206~592.84 段设置门式起重机基础，门式起重机基础下设置 $\phi800$mm 钻孔灌注桩，钻孔灌注桩长度为 6~8m。DK206+567.4~DK206+597.84 设置盾构空推导台，盾构空推导台为盾构进洞提供基础，是盾构机按照指定方向与坡度进洞的保障。DK206+584.34~DK206+597.84 设置 50cm 厚 C25 喷射混凝土套拱。

对于盾构始发结构的建模，按照不同的构件分别进行建模。其基本组成构件有：钻孔灌注桩、门式起重机基础、始发基座及套拱。每个构件在相同的坐标体系下建模，完成建模后统一参考到一个文件下完成建模。

a. 门式起重机基础建模：门式起重机基础模型包含门式起重机基础及其下的冠梁和桩孔灌注桩，其几何结构都是柱体，三维模型建立也较为简单。可以通过建立基本体就可以得到，然后按照定位放置，得到的门式起重机基础模型如图 7-30 所示。

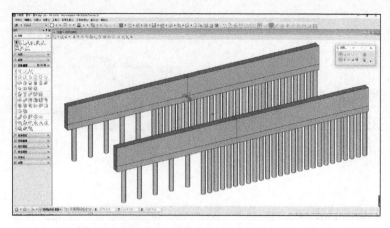

图 7-30　门架基础的三维模型

b. 始发基座建模：始发基座采用 C30 钢筋混凝土结构。在始发基座上设置 3 根 120kg/m 钢轨作为盾构机导向轨道，始发基座断面如图 7-31 所示。盾尾与中盾连接处，预留宽 800mm，高 700mm 的盾尾焊接槽，如图 7-32 所示。

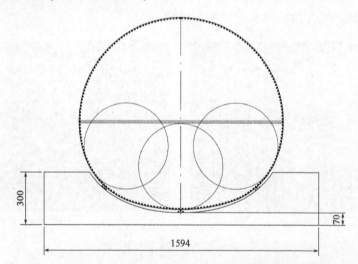

图 7-31　盾构始发基座断面示意图（尺寸单位：cm）

对于盾构始发基座的建模，经分析发现其几何结构为简单的直柱体，仅需绘制出其断面，后通过线路中线放样即可。对于 3 根钢轨的建模，其几何结构依然是沿轴线放样的直几何体。建模时将钢轨断面绘出，按照指定轴线、指定安装位置放样即可。得到的始发基座三维模型如图 7-32 所示。

c. 套拱建模：DK206+584.34 ~ DK206+597.84 设置 50cm 厚 C25 喷射混凝土套拱。套拱为盾构机顺利进洞提供一定的保护。套拱三维模型如图 7-33 所示。

通过以上三个步骤的建模工作，已经完成了盾构始发结构的建模。下一步的工作是将模型进行拼合。拼合后得到的空推导台三维模型如图 7-34 所示。

通过以上建模工作，明洞、明洞加强段及始发结构已经分别建模完成，将所有结构参考进同一个文件中，可得到组合模型如图 7-35 所示。

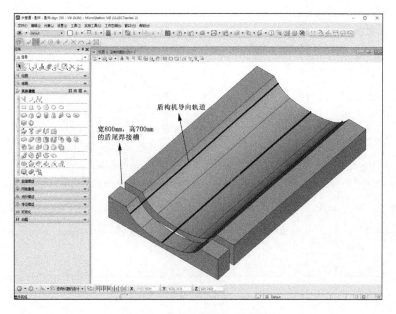

图 7-32　盾构始发基座三维模型

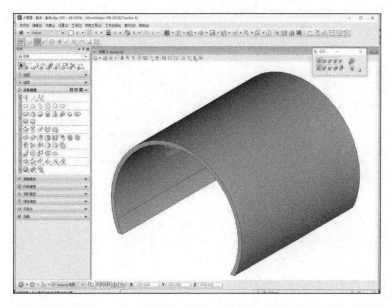

图 7-33　套拱三维模型

（2）出口段构造物三维数字模型建模

出口段构筑物三维数字建模主要包括出口洞门建模及出口明洞建模。出口采用的是斜切喇叭口式洞门，喇叭口帽檐部分是一个不规则斜向上伸出的结构。帽檐的表面是由 4 个直纹曲面围成，如何建立帽檐模型是出口洞门建模的难点。经过本次建模，希望总结出一套绘制斜切喇叭口式洞门的一般方法，提高绘制此类模型的效率及精度。出口明洞段包含了明洞、盾构到达出洞端墙及基座的建模，通过对该部分进行建模，可以快速计算工作量，同时让复杂的结构表现得更加清晰，便于施工。

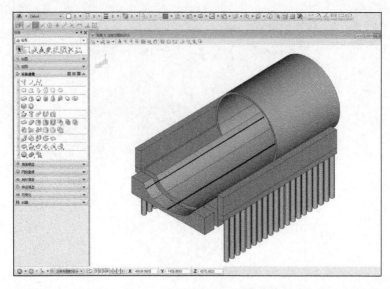

图 7-34　盾构空推导台三维模型

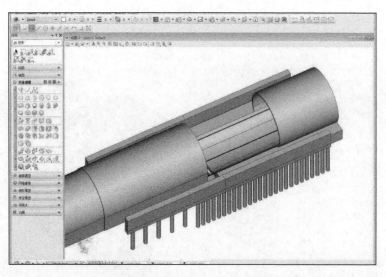

图 7-35　明洞及盾构空推导台三维模型

通过对建模工作的分析,将主要任务分为三部分:一是出口明洞建模;二是出口洞门建模;三是盾构到达出洞端墙及基座建模。出口明洞作为洞门及盾构接收装置的基础首先完成建模,然后"出口洞门"和"盾构到达出洞端墙及基座"以出口明洞为基础同时进行建模。

①出口明洞建模

考虑到白城隧道出口地质情况较差,盾构机无法直接出洞,为了提供盾构到达条件并对隧道进行一定的防护。在隧道进出口设置100m长明洞,明洞段设计最大坡度为0.3%,明洞段施工方法为明挖法,且隧道断面形状沿坡度为0.3%的线路中线不变。通过对比发现出口明洞断面图和进口明洞断面图几何尺寸一样,可以将已经建立进口明洞段的三维模型复制过来,然后按照线路中线放置。

②出口洞门建模

出口采用的斜切喇叭口式洞门,对隧道明洞斜切,向前伸出喇叭口,喇叭口帽檐部分是一个不规则斜向上伸出的实体,如图 7-36 所示。

帽檐的表面是由 4 个直纹曲面围成,如何建立帽檐模型是出口洞门建模的难点。通过对"白城隧道出口斜切式明洞门结构图"的分析,对于喇叭口帽檐部分的建模提出了两种方案:一是使用布尔运算把一个柱体切割成喇叭口帽檐。这种方法需要建立不同的基本实体,让实体之间的相交面与喇叭口帽檐曲面相同,然后使用差集运算得到喇叭口帽檐的形状;二是直接建立喇叭口帽檐的 6 个表面,通过表面围成喇叭口帽檐实体。第一种方案是常用的建立异形体的方法,通过基本

图 7-36 斜切喇叭口式洞门

体之间的布尔操作形成复杂的实体。在所选绘图软件中具有"布尔"及"按曲线剪切实体"功能,能够根据指定的曲线对实体进行剪切操作。然而经过反复实践,发现构成喇叭口帽檐的其中两个曲面是三维扭曲的曲面,在任意方向都无法集聚。要切出这样的曲面必须先绘制出该曲面并建立实体模型,才能进行布尔运算产生带有这种曲面的喇叭口帽檐,因此第一种方案并不容易操作。第二种方案则可以通过软件中缝合曲面的命令进行完成,该命令能够将封闭的几个曲面缝合成实体。通过研究发现,组成喇叭口帽檐的曲面全是直纹曲面,该曲面可以通过软件中的"曲面放样"得到。通过对比分析,决定采用第二种方案建立喇叭口帽檐模型。

根据第二种方案,首先需要绘制喇叭口帽檐的边线。通过阅读"白城隧道出口斜切式明洞门结构图",可以发现该喇叭口帽檐的 4 个边线由 4 根椭圆曲线组成,如图 7-37 所示。

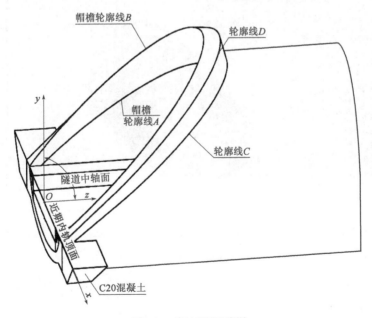

图 7-37 出口洞门示意图

轮廓线 A、B、C 均为椭圆的一段；轮廓线 D 的上部分为椭圆，下部分为直线且切点在椭圆短轴对应的象限点上。由其位置关系可以发现轮廓线 A、C 是帽檐与隧道衬砌相连接的边界，因此这两条轮廓线可以通过对衬砌进行切割得到。在隧道衬砌的洞口设置一条直线作为切割用，该线与隧道中线的夹角为 38°39′35″ 且与隧道中线共在一个竖直平面内，衬砌切割效果如图 7-38 所示。

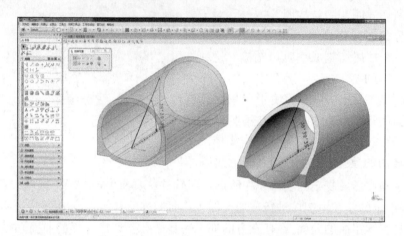

图 7-38 隧道衬砌切割效果

然后通过"提取边界"可提取出轮廓线 A、C，如图 7-39 所示。

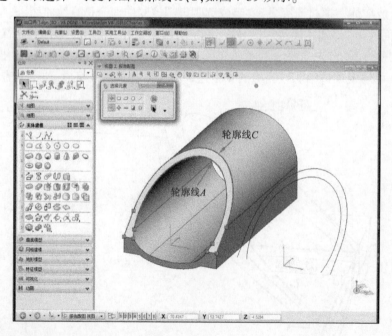

图 7-39 轮廓线 A、C

轮廓线 B、D 的椭圆参数可以从"帽檐轮廓线椭圆要素表"中获得，具体见表 7-1。
轮廓线 B、D 的空间位置可以由图 7-40 中的 B'、D' 确定。

轮廓线椭圆要素表　　　　　　　　　表 7-1

轮廓线		轮廓线 B	轮廓线 D
椭圆中心	X(mm)	0	0
	Y(mm)	3432	3136
	Z(mm)	3299	3321
长轴(mm)		9128	9914
短轴(mm)		5545	6120

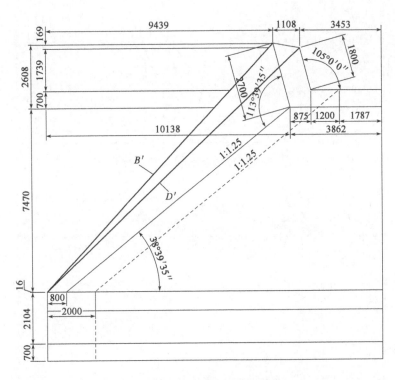

图 7-40　轮廓线 B、D 的集聚线(尺寸单位:mm)

由以上操作可以定出轮廓线 A、B、C、D。通过 4 条轮廓线可以生成直纹曲面,最终可"缝合"成实体。具体需要注意细节如下:

a. 绘制直纹曲面:软件中具有能将两条曲线放样成一个曲面的功能,需要注意该软件是将两条曲线的节点处连接线进行放样生成曲面,当两个曲线上的每根连接线均不相交时才能放样出光滑平顺的曲面。因此,为了放样出光滑平顺的曲面,两根曲线必须拥有相同的节点数。这样才能保证两条曲线上的每个点都能够与另外一条曲线上的唯一一个点连接,否则放样出的曲面不仅不光滑平顺,还可能出现很多不规则的、多余的面。在软件中被选中的曲线会高亮显示并会显示节点,可以据此确认两条曲线的节点数是否相同。从图 7-41 中可以看出轮廓线 A、B、C、D 均有 4 个节点,但是这 4 条曲线的节点分布非常不均匀。根据实际情况将为每条曲线增加两个节点,让每条曲线的节点分布更加相似,如图 7-42 所示。将轮廓线 A、B、C、D 放在同一坐标系下,如图7-43、图7-44所示。

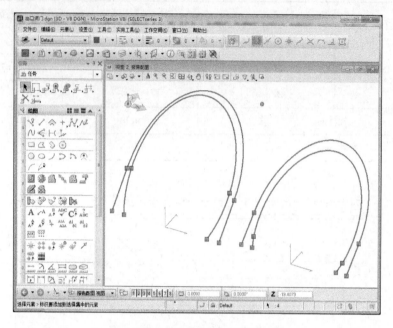

图7-41 原始曲线节点情况

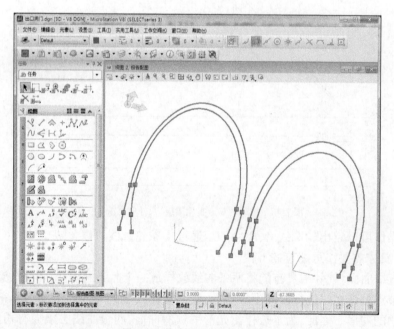

图7-42 修改后的曲线节点情况

b. 绘制直纹曲线:轮廓线调整好后,就可以通过软件中的"放样曲面"功能生成直纹曲面。为了绘制出平顺光滑的直纹曲面,在"放样曲面"功能窗口的"开始连续性"和"终止连续性"均选择"位置",在空白处点击左键即生成光滑平顺的曲面,如图7-44、图7-45所示。

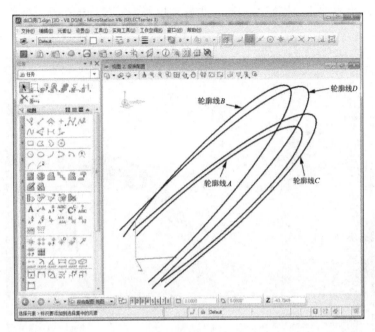

图 7-43　轮廓线 A、B、C、D

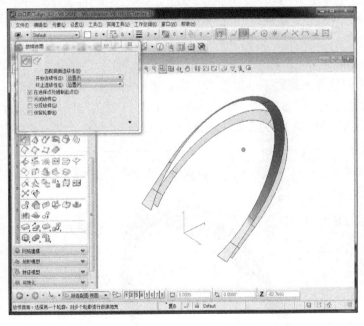

图 7-44　上、下两个曲面

c. 生成实体：为了将闭合曲面生成实体，在软件里需要使用"缝合曲面"命令将封闭的面缝合成实体。该命令通过连接曲面的节点以达到缝合曲面的效果，所以生成实体的闭合曲面的节点数要相同。由于前面生成曲面时的曲线的节点数相同，因此生成的曲面后的节点数也必然相同。上述工作中已经生成了 4 个曲面，最后只需要在底面绘制两个四边形平面就围成了一个闭合的区域。在点击使用"缝合曲面"命令后，选择所有曲面，然后在空白处点击鼠标左键表示确认,即生成实体。将帽檐和第一步剪切生成的隧道衬砌合并,即完成出口洞门三维数字模型建模。

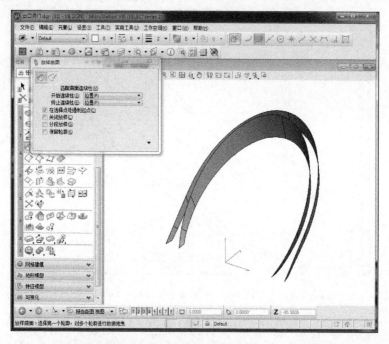

图 7-45　前后两个曲面

点击该帽檐实体即可读取帽檐体积为 $38.3128m^3$,帽檐三维模型如 7-46 所示。对于这种不规则的实体,通过建立三维数字模型能够非常方便地查看其体积。传统的二维设计计算这种类型的工程数量是十分困难的,此处充分体现了 BIM 模型在算量上的优越性。点击整个洞门即可读取出口洞门体积为 $333.1858m^3$,如图 7-47 所示。

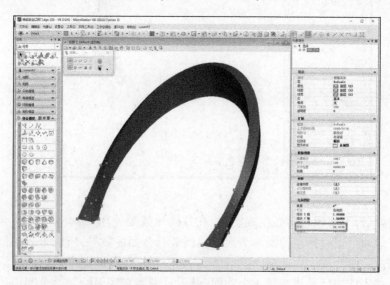

图 7-46　喇叭口帽檐三维模型

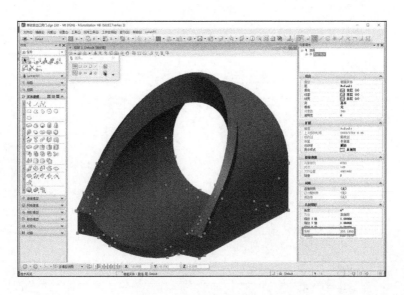

图 7-47 喇叭口式洞门体积查看

将软件中的模型赋予混凝土材质,调整角度后的洞门三维模型和实际洞门对比,如图 7-48 所示。

a)实际洞门　　　　　　　　　　　　　　b)三维模型洞门

图 7-48 喇叭口式洞门三维模型与实际洞门对比

选择的软件可以方便地通过三维模型生成三视图、断面图。为了说明三维模型的精准度,选取沿隧道轴向的竖平面切割洞门模型。切割后可以直接生成断面图,并且该平面图与三维空间中的剖切符号动态链接,可以随着剖切符号位置的不同而发生相应的改变。在生成的断面图中标注尺寸,然后与设计图中的尺寸对比,如图 7-49、图 7-50 所示,从图中可以看出在毫米级二者数字无差别。

至此完成了斜切式喇叭口洞门的三维建模,为了能够将成果应用于以后的工程中,最后将总结一个高精度、快速建立斜切式喇叭裤洞门的一般步骤。本方法通过软件中的曲面缝合功能,将复杂三维扭曲体建模简化为曲面的建模。又通过软件中的曲线放样曲面功能,将曲面的建模简化为曲线的建模。斜切式喇叭口洞门帽檐的轮廓线又是椭圆曲线,最后就将一个复杂的实体建模转化为了空间椭圆的建模。

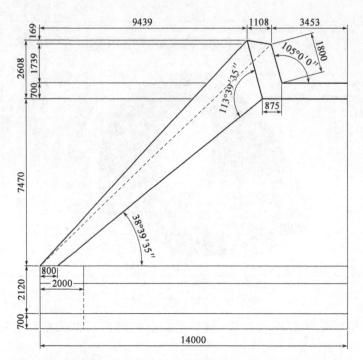

图 7-49　白城隧道出口斜切式明洞门剖面示意图(设计图,尺寸单位:mm)

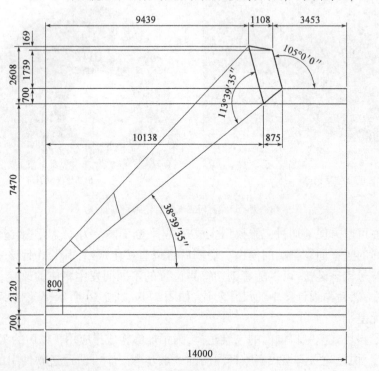

图 7-50　白城隧道出口斜切式明洞门剖面示意图(三维导出,尺寸单位:mm)

详细步骤如下：

a)结合隧道衬砌及设计情况,确定构成帽檐的轮廓线及其曲线要素。其中包括中心点坐标、长短轴、椭圆面的方向,然后绘制轮廓线。

b)使用"放样曲面"命令进行放样直纹曲面,"开始连续性"和"终止连续性"均选择"位置",放样得到直纹曲面,并绘制简单多边形平面与曲面一同闭合。

c)使用"缝合曲面"命令,将所有面进行缝合成实体,即完成建模。

d.地基挤密桩建模:隧道 DK209+696~DK209+710 段洞门基础位于砂质新黄土地层,具有湿陷性。湿陷系数 $\delta_s = 0.015~0.047$,中等湿陷。湿陷场地类型为自重湿陷场地,湿陷等级Ⅱ级(中等),且基底砂质新黄土地基基本承载力不足。DK209+696~DK209+710 段采用水泥土挤密桩措施处理(挤密桩桩直径 40cm,桩长 6m,梅花形布置,间距 1m×1m)。桩顶铺设 50cm 厚灰土垫层,灰土垫层压实系数不小于 0.95。水泥土挤密桩建模只需要按照相应的位置将水泥桩放置在设计位置,至此初步完成出口段喇叭口式洞门三维数字模型建模,三维模型如图 7-51 所示。

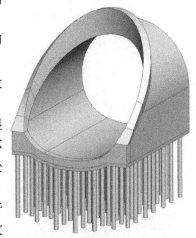

图 7-51　出口段隧道喇叭口式洞门三维模型

③盾构到达出洞端墙及基座

在出口段明洞的前段 DK206+611~DK206+623 处设置盾构到达出洞端墙及基座。这部分结构由一面端墙、两个挡墙及一个盾构基座组成,在盾构机解体后需要修建一环加强环。根据图纸"盾构到达出洞端墙及基座设计图"进行建模。下面阐述具体建模过程。

a.端墙建模:根据"盾构到达出洞端墙及基座设计图"。为了让盾构机能够顺利出洞,在端墙中间设置由管片内轮廓往外部扩张 800mm 的马蹄形空洞。为了在盾构机解体后施作加强环,在端墙内环表面设置一层预埋钢环。建模方法:首先按照图纸上的尺寸,绘制外轮廓面,该马蹄形内轮廓即为明洞内轮廓往外偏移 800mm,做出该马蹄形内轮廓,通过软件中的"开孔"命令,在外轮廓面中设置马蹄形空洞,通过"拉伸"命令完成建模,如图 7-52 所示。通过点击模型即可查看其体积为 121.0751m³。

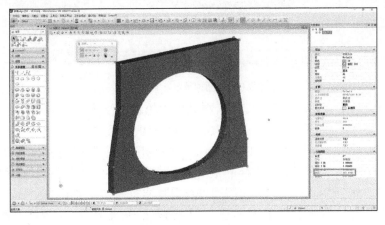

图 7-52　端墙三维模型

b. 挡墙建模:根据"盾构到达出洞端墙及基座设计图"。为了防止端墙向后倾倒,在端墙后方设置两面挡墙。挡墙为不等底面台体。建模方法:先绘制一个以挡墙下底面为底面的长方体,然后绘制剪切曲线,使用"按照曲线剪切实体"命令进行剪切,即完成如图 7-53 所示挡墙的三维建模。通过点击模型即可查看一面挡墙的体积为 34.0100m³。

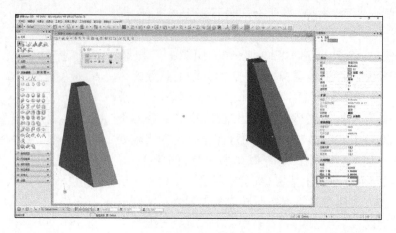

图 7-53　挡墙三维模型

c. 盾构基座建模:盾构基座是保证支承盾构机出洞平顺的结构。根据"盾构到达出洞端墙及基座设计图",可以绘制出前面的一个面,通过"拉伸"命令完成建模,如图 7-54 所示。通过点击模型即可查看盾构基座体积为 418.8638m³。

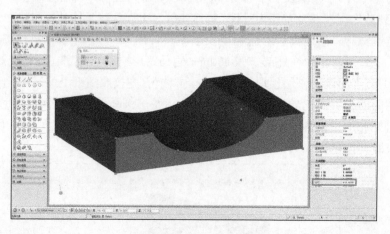

图 7-54　盾构基座三维模型

d. 加强环建模:加强环即为盾构解体后在端墙内轮廓处修建一个厚 800mm、宽 700mm 与一个厚 300mm、宽 300mm 相叠加的马蹄形环。建模方法:先通过"提取边界"命令提取端墙内轮廓,使用"偏移"命令,向内偏移 800mm,再使用"打孔"命令即可绘制出马蹄形环面,通过"拉伸"命令拉伸 700mm,在后面以同样的方式绘制前部环。使用"并集"布尔运算合并两个环完成建模,如图 7-55 所示。通过点击模型即可查看其体积为 22.6304m³。

至此完成盾构到达出洞端墙及基座三维模型建模,如图 7-56 所示。截取其剖面图(图 7-57),对比二维剖面图(图 7-58),可以看出三维建模精确度高、尺寸准确无误。

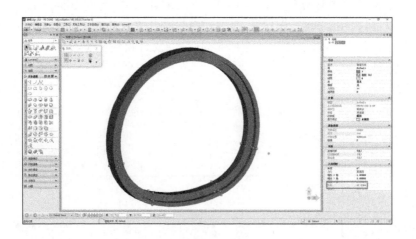

图 7-55 加强环三维模型

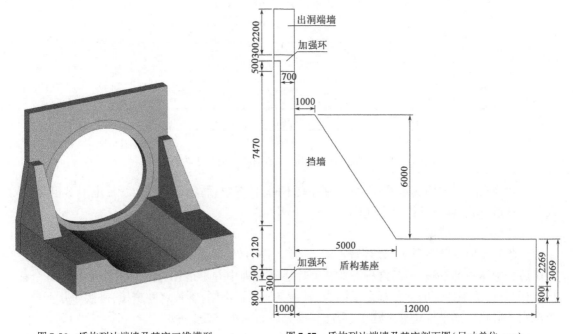

图 7-56 盾构到达端墙及基座三维模型　　图 7-57 盾构到达端墙及基座剖面图(尺寸单位:mm)

(3)管片三维数字模型建模

白城隧道断面由 3 种半径尺寸的 4 段圆弧组成,圆弧直径分别为 $R_1 = 5270$mm、$R_2 = R_3 = 3620$mm、$R_4 = 9120$mm。本隧道区别于传统矿山法隧道边开挖边施作衬砌,白城隧道为全线盾构隧道,因此隧道衬砌是预制盾构管片,故隧道衬砌建模即是盾构管片建模。管片设计为马蹄形断面是为了便于搬运、组装及有利于隧道的曲线施工,根据盾构机盾尾长度要求,盾构隧道管片一般仅制作为幅宽为 1~2m 的单环管片,设计宽度为 1600mm。隧道管片的一环通常采用不等分分块模式,即一环管片有 5 块 A 型管片(标准块)、2 块 B 型管片(邻接块)和 1 块 K 型管片(封顶块)组成,整环管片分为 5 + 2 + 1 = 8(块),成环尺寸:高度 10589mm、宽度 1540mm。管片设置为奇数、偶数环,环间无楔形量,采取错缝拼装。管片的建模也是本项目建模的难点,由于管片具有连接缝、防水带和螺栓孔等细部构造,以及封顶块和邻接块有两个斜面,使得管片建模存在诸多难点。

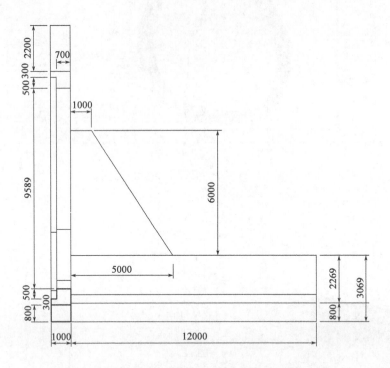

图 7-58　盾构到达端墙及基座三维剖面示意图(尺寸单位:mm)

管片为马蹄形盾构隧道管片,每一块都有不同,且奇数、偶数环的各个管片也不尽相同,所以需对隧道奇数、偶数管片分别建模。

①奇数环管片建模

奇数环建模主要参考"奇数环管片构造图"。进出口、明洞的建模主要是采用将模型进行分块后分别建模的方法,但是这种方式在管片建模过程中并不适用,原因是:管片并非每个都没有相同点,很多细节的部分都是形同的,只是空间位置不同;管片之间拼接,拼接面并不是一个规则的形状。如果分块分别建模,可能建模完成后无法拼装起来。

所以最终决定采用全环管片同时建模的方式,这种方式可以保证每个管片以同一种方式绘制出来,每个绘图步骤都是相同的。

首先将绘制一环管片的内、外轮廓。这步操作可以在软件中绘制,也可以从已有的断面图中导入过来,如图 7-59 所示。

将内、外轮廓分别采用"创建复杂多边形"功能转换成面域,然后通过"开孔"功能生成环状面域,如图 7-60 所示。该面域为管片在线路轴线的投影。

将上述面域向上拉伸 1.6m,形成管状实体,如图 7-61 所示。该实体就是管片建模的基础,后续管片建模主要是对该实体进行切割、布尔的操作,最终完成管片建模。

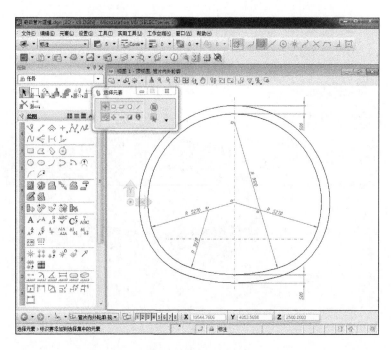

图 7-59　管片内外轮廓

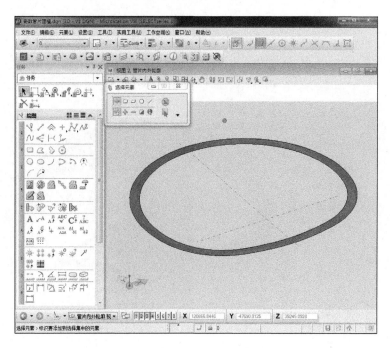

图 7-60　生成环状面域

管片纵向拼接时会有防水条,所以在管片上会有相应的防水带凹槽。本设计采用绘出凹槽断面,沿着马蹄形断面放样出实体,应用该实体对上述管状实体进行布尔差集计算,生成的管片防水带凹槽模型如图 7-62 所示。

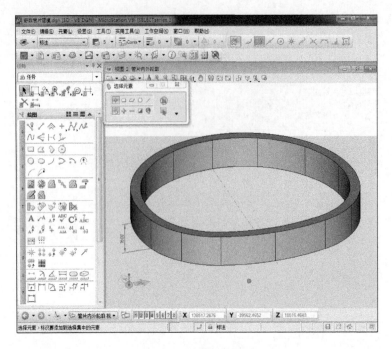

图 7-61　生成管状实体

图 7-62　管片防水带凹槽模型

管片防水带凹槽模型完成后进行管片的分块,在"奇数环管片构造图"中可以找到管片拼接的断面(图 7-63)。通过该断面对隧道进行切割,可以将管片分割为 8 部分,即 8 个管片,如图 7-64 所示。

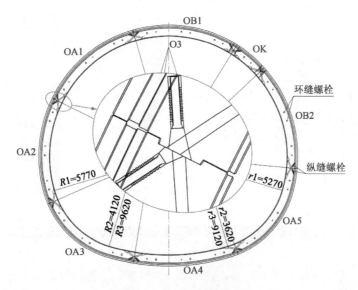

图 7-63 管片拼接处的断面

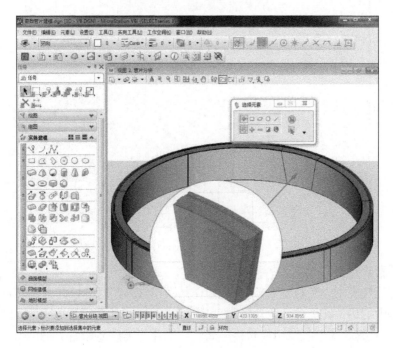

图 7-64 管片分割后全环效果

管片分割完成后进行手孔的绘制。结合设计图,通过分析后发现建立手孔时并不需要建立那么复杂的形状,这个形状可以由简单的几何实体通过相交得到,如图 7-65 所示。

确定手孔制作的方式后,剩下的主要是定位。根据手孔的连接方向将手孔分为纵向连接手孔和环向连接手孔,根据设计图可以将这些手孔位置完全确定出来,如图 7-66 所示。

将手孔及吊装孔截切完成后,隧道管片模型的建模就完成了。奇数环管片模型如图 7-67 所示。

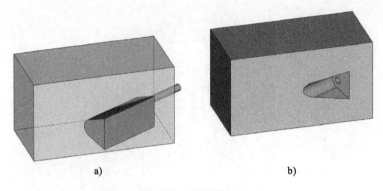

图7-65 手孔制作方式

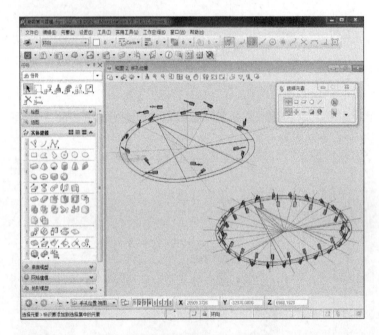

图7-66 确定手孔位置

②偶数环管片建模

偶数环管片建模的方法和奇数环一样,同样是采用整环同时建模的方式,而且很多奇数环管片建模过程中的构件在偶数环的建模中也是可以用到的,比如手孔等。不同的是其封顶块不在同一边,其位置是关于隧道中线对称。偶数环管片三维模型如图7-68所示。

③奇、偶环管片对比

完成奇数环、偶数环管片建模后,发现奇、偶环管片有很多相同的地方。在软件中通过把相似的模型放在一起比对发现,管片OK与EK、OB1与EB1、OA1与EA5、OA2与EA4、OA3与EA3、OA4与EA2、OA5与EA1相同,可以通过同一套模具制作出来。

奇数环和偶数环之间的管片相同,只是所放位置不同,所以在进行管片建模时,完成奇数环管片建模后可以通过旋转、平移等操作方便地得到偶数环管片模型。具体操作步骤如下:

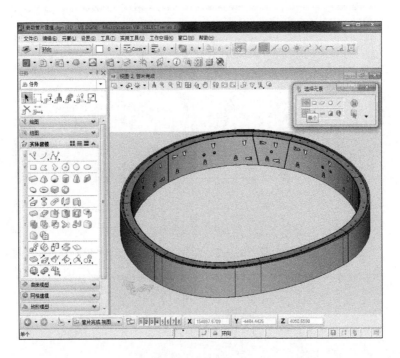

图 7-67　奇数环管片模型

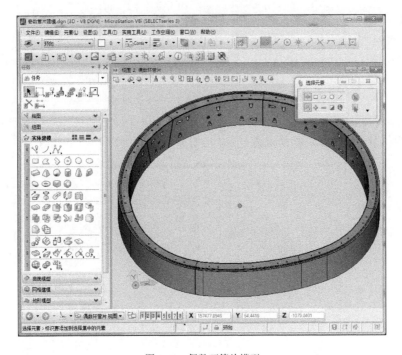

图 7-68　偶数环管片模型

a. 将奇数环管片分为 2 组,1 组需要绕隧道中线进行旋转、平移操作,另 1 组需要绕竖线进行旋转、平移操作。为了能够更清晰地表达变换过程,首先将两组分开,如图 7-69 所示。

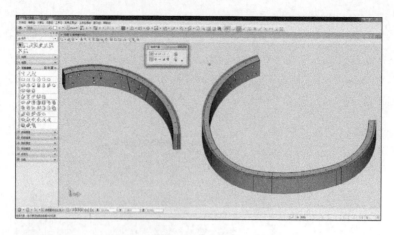

图 7-69　管片分组

b. 将第 1 组绕圆心 O_1 顺时针旋转 $79.395°$；将第 2 组绕隧道中线旋转 $180°$，如图 7-70 所示。

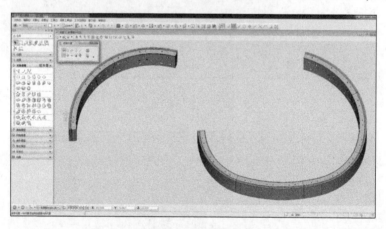

图 7-70　管片变换后的结果

c. 将 2 组构件合在一起，就是偶数环管片，如图 7-71 所示。

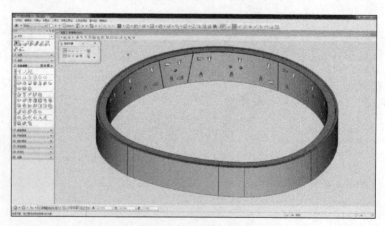

图 7-71　管片合成结果

奇数、偶数环管片拼装成环后的效果如图 7-72 所示。

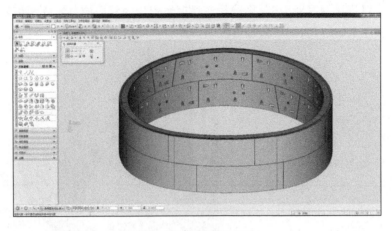

图 7-72　拼装后管片效果

(4) 隧道结构信息附加

信息是 BIM 模型的灵魂,脱离了信息的三维模型不能称为 BIM 模型。隧道模型的信息主要包括几何属性和非几何属性。

① 几何属性

几何属性是 BIM 模型最基本的信息,这里所说的几何属性是指三维模型所包含的几何信息,有构件的外在尺寸、空间体积、空间相对位置关系等。这些信息在三维模型建立之初便包含在模型之中,在三维软件中都会提供相应的查询方法。在 MicroStation 软件中,查看构件的几何信息主要有以下两种方式:

a. 测量工具:若需要知道构件简单尺寸信息,可以通过软件测量工具,来查看元素的几何尺寸信息。和大多数设计类软件一样,目前 MicroStation 软件的测量工具包含半径测量、距离测量、长度测量、角度测量、面积测量以及体积测量等,如图 7-73 所示。这些测量工具能够满足工程设计中对模型的几何信息查看。

b. 尺寸标注:尺寸标注是进行施工的重要依据,也是进行施工出图的必要步骤。尺寸标注是大多数二维、三维设计软件中包含的基本功能,MicroStation 软件中也提供了丰富的尺寸标注功能,其中包括角度尺寸标注、线性尺寸标注、坐标尺寸标注等,这些标注功能在进行施工图出图时用于表达工程的几何信息,如图 7-74 所示。

图 7-73　测量工具

图 7-74　尺寸标注工具

② 非几何属性

非几何属性包括材料信息、施工信息等几何图形无法表达的信息。MicroStation 平台中提供了"标签"功能,用户可以将一些简单的信息定义为标签,然后将定义好的标签连接到指定的几何元素上。以管片的属性为例,将奇数环封顶块管片的相应信息定义成标签,后将此标签连接到封顶块模型上,就可以简单地查看关于此块管片的信息,如图7-75所示。

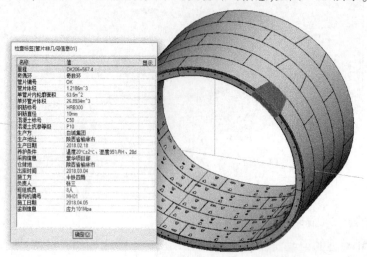

图 7-75　标签属性查看

MicroStation 中还有一种通过外部链接数据库的方法进行信息的附加。外部数据库为独立文件,通过将实体构件与外部数据库相链接的方法,可以实现数据库与实体之间的一一对应链接。这种方式首先将信息添加于数据库中,然后将信息赋予实体构件中,从而实现信息附加,此方法相较于门槛较高的二次开发而言,显然更方便操作。

数据库(Database)是按照数据结构来组织、存储和管理数据的建立在计算机存储设备上的仓库,MicroStation 支持直接连接到 Oracle 数据库。此外,还支持通过行业标准的 ODBC 和 OLEDB 数据库的连接,同时还有 BUDBC 标准数据库。通常数据库产品不仅仅是一个程序或应用程序,而是一系列或一套应用程序工具,通过它可以构建、维护与保修信息。MicroStation 支持市面上常见的数据库软件系列产品,选择通过 ODBC 连接的 Microsoft Access 数据库与 dgn 文件进行链接。Microsoft Access 是微软把数据库引擎的图形用户界面和软件开发工具结合在一起的一个数据库管理系统,是 Microsoft Office 的系统程序之一,有着对于新手较友好、容易上手等优点。

a. Access 数据库的建立:Access 软件中按照一行一列的格式创建数据库,其操作方式与 Excel 相似,下面将以盾构管片做示范,以每环管片的里程定位,选取了隧道轮廓面积,管片的混凝土标号、抗渗等级、生产情况、养护情况、施工情况、监测信息等作为附加信息的示范,部分数据如图 7-76、图 7-77 所示。

在将图形文件中的图形元素与数据库中的数据行连接之前,要建立数据库与图形文件之间的连接,则需要通过数据库接口将图像元素与数据行相链接。在 Windows 操作系统中设置 ODBC 数据库接口的具体设置方式为:在 Windows 操作系统中,依次打开"控制面板→管理工具→ODBC 数据源(64 位)",在出现的面板中选择"用户 DSN"并点击添加,即可新建数据源;在新建数据源面板中选择"Microsoft access driver(*.mdb)",并定义数据源名称(这里定义其名称为"BAICHENG01"),然后选择已创建的 Access 数据库,单击"确定"即可完成 ODBC 数据库的接口设置,如图 7-78 所示。

MSLINK	里程	奇偶环	管片编号	管片体积	单管片内轮廓面积	单环管片体积	钢筋标号	钢筋直径	混凝土标号	混凝土抗渗等级	生产方	生产地址	生产日期
1	DK206+567.4	奇数环	OK	1.2186m^3	63.6m^2	26.8934m^3	HRB300	10mm	C50	P10	白城集团	陕西省榆林市	2018.02.18
2	DK206+567.4	奇数环	OB1	3.6406m^3	63.6m^2	26.8934m^3	HRB300	10mm	C50	P10	白城集团	陕西省榆林市	2018.02.19
3	DK206+567.4	奇数环	OB2	3.641m^3	63.6m^2	26.8934m^3	HRB300	10mm	C50	P10	白城集团	陕西省榆林市	2018.02.20
4	DK206+567.4	奇数环	OA1	3.641m^3	63.6m^2	26.8934m^3	HRB300	10mm	C50	P10	白城集团	陕西省榆林市	2018.02.21
5	DK206+567.4	奇数环	OA2	3.6407m^3	63.6m^2	26.8934m^3	HRB300	10mm	C50	P10	白城集团	陕西省榆林市	2018.02.22
6	DK206+567.4	奇数环	OA3	3.6413m^3	63.6m^2	26.8934m^3	HRB300	10mm	C50	P10	白城集团	陕西省榆林市	2018.02.23
7	DK206+567.4	奇数环	OA4	3.6295m^3	63.6m^2	26.8934m^3	HRB300	10mm	C50	P10	白城集团	陕西省榆林市	2018.02.24
8	DK206+567.4	奇数环	OA5	3.6407m^3	63.6m^2	26.8934m^3	HRB300	10mm	C50	P10	白城集团	陕西省榆林市	2018.02.25
9	DK206+569	偶数环	EK	1.2186m^3	63.6m^2	26.8934m^3	HRB300	10mm	C50	P10	白城集团	陕西省榆林市	2018.02.26
10	DK206+569	偶数环	EB2	3.6406m^3	63.6m^2	26.8934m^3	HRB300	10mm	C50	P10	白城集团	陕西省榆林市	2018.02.27
11	DK206+569	偶数环	EB1	3.641m^3	63.6m^2	26.8934m^3	HRB300	10mm	C50	P10	白城集团	陕西省榆林市	2018.02.28
12	DK206+569	偶数环	EA5	3.641m^3	63.6m^2	26.8934m^3	HRB300	10mm	C50	P10	白城集团	陕西省榆林市	2018.03.01
13	DK206+569	偶数环	EA4	3.6407m^3	63.6m^2	26.8934m^3	HRB300	10mm	C50	P10	白城集团	陕西省榆林市	2018.03.02
14	DK206+569	偶数环	EA3	3.6413m^3	63.6m^2	26.8934m^3	HRB300	10mm	C50	P10	白城集团	陕西省榆林市	2018.03.03
15	DK206+569	偶数环	EA2	3.6295m^3	63.6m^2	26.8934m^3	HRB300	10mm	C50	P10	白城集团	陕西省榆林市	2018.03.04
16	DK206+569	偶数环	EA1	3.6407m^3	63.6m^2	26.8934m^3	HRB300	10mm	C50	P10	白城集团	陕西省榆林市	2018.03.05
17	DK206+570.6	奇数环	OK	1.2186m^3	63.6m^2	26.8934m^3	HRB300	10mm	C50	P10	白城集团	陕西省榆林市	2018.03.06
18	DK206+570.6	奇数环	OB1	3.6406m^3	63.6m^2	26.8934m^3	HRB300	10mm	C50	P10	白城集团	陕西省榆林市	2018.03.07
19	DK206+570.6	奇数环	OB2	3.641m^3	63.6m^2	26.8934m^3	HRB300	10mm	C50	P10	白城集团	陕西省榆林市	2018.03.08
20	DK206+570.6	奇数环	OA1	3.641m^3	63.6m^2	26.8934m^3	HRB300	10mm	C50	P10	白城集团	陕西省榆林市	2018.03.09
21	DK206+570.6	奇数环	OA2	3.6407m^3	63.6m^2	26.8934m^3	HRB300	10mm	C50	P10	白城集团	陕西省榆林市	2018.03.10
22	DK206+570.6	奇数环	OA3	3.6413m^3	63.6m^2	26.8934m^3	HRB300	10mm	C50	P10	白城集团	陕西省榆林市	2018.03.11
23	DK206+570.6	奇数环	OA4	3.6295m^3	63.6m^2	26.8934m^3	HRB300	10mm	C50	P10	白城集团	陕西省榆林市	2018.03.12
24	DK206+570.6	奇数环	OA5	3.6407m^3	63.6m^2	26.8934m^3	HRB300	10mm	C50	P10	白城集团	陕西省榆林市	2018.03.13
25	DK206+572.2	偶数环	EK	1.2186m^3	63.6m^2	26.8934m^3	HRB300	10mm	C50	P10	白城集团	陕西省榆林市	2018.03.14
26	DK206+572.2	偶数环	EB2	3.6406m^3	63.6m^2	26.8934m^3	HRB300	10mm	C50	P10	白城集团	陕西省榆林市	2018.03.15
27	DK206+572.2	偶数环	EB1	3.641m^3	63.6m^2	26.8934m^3	HRB300	10mm	C50	P10	白城集团	陕西省榆林市	2018.03.16
28	DK206+572.2	偶数环	EA5	3.641m^3	63.6m^2	26.8934m^3	HRB300	10mm	C50	P10	白城集团	陕西省榆林市	2018.03.17
29	DK206+572.2	偶数环	EA4	3.6407m^3	63.6m^2	26.8934m^3	HRB300	10mm	C50	P10	白城集团	陕西省榆林市	2018.03.18
30	DK206+572.2	偶数环	EA3	3.6413m^3	63.6m^2	26.8934m^3	HRB300	10mm	C50	P10	白城集团	陕西省榆林市	2018.03.19
31	DK206+572.2	偶数环	EA2	3.6295m^3	63.6m^2	26.8934m^3	HRB300	10mm	C50	P10	白城集团	陕西省榆林市	2018.03.20
32	DK206+572.2	偶数环	EA1	3.6407m^3	63.6m^2	26.8934m^3	HRB300	10mm	C50	P10	白城集团	陕西省榆林市	2018.03.21
33	DK206+573.8	奇数环	OK	1.2186m^3	63.6m^2	26.8934m^3	HRB300	10mm	C50	P10	白城集团	陕西省榆林市	2018.03.22
34	DK206+573.8	奇数环	OB1	3.6406m^3	63.6m^2	26.8934m^3	HRB300	10mm	C50	P10	白城集团	陕西省榆林市	2018.03.23
35	DK206+573.8	奇数环	OB2	3.641m^3	63.6m^2	26.8934m^3	HRB300	10mm	C50	P10	白城集团	陕西省榆林市	2018.03.24
36	DK206+573.8	奇数环	OA1	3.641m^3	63.6m^2	26.8934m^3	HRB300	10mm	C50	P10	白城集团	陕西省榆林市	2018.03.25
37	DK206+573.8	奇数环	OA2	3.6407m^3	63.6m^2	26.8934m^3	HRB300	10mm	C50	P10	白城集团	陕西省榆林市	2018.03.26
38	DK206+573.8	奇数环	OA3	3.6413m^3	63.6m^2	26.8934m^3	HRB300	10mm	C50	P10	白城集团	陕西省榆林市	2018.03.27

图 7-76　在 Access 中建立信息示例(1)

生产地址	生产日期	养护条件	采购信息	仓储地	出库时间	施工方	负责人	班组成员	盾构机编号	施工日期	监测信息
陕西省榆林市	2018.02.18	温度20℃±2℃、湿度95%RH、28d	蒙华项目部	陕西省榆林市	2018.03.04	中铁四局	张三	8人	MH01	2018.04.05	应力100Mpa
陕西省榆林市	2018.02.19	温度20℃±2℃、湿度95%RH、28d	蒙华项目部	陕西省榆林市	2018.03.05	中铁四局	张三	8人	MH01	2018.04.06	应力101Mpa
陕西省榆林市	2018.02.20	温度20℃±2℃、湿度95%RH、28d	蒙华项目部	陕西省榆林市	2018.03.06	中铁四局	张三	8人	MH01	2018.04.07	应力102Mpa
陕西省榆林市	2018.02.21	温度20℃±2℃、湿度95%RH、28d	蒙华项目部	陕西省榆林市	2018.03.07	中铁四局	张三	8人	MH01	2018.04.08	应力103Mpa
陕西省榆林市	2018.02.22	温度20℃±2℃、湿度95%RH、28d	蒙华项目部	陕西省榆林市	2018.03.08	中铁四局	张三	8人	MH01	2018.04.09	应力100Mpa
陕西省榆林市	2018.02.23	温度20℃±2℃、湿度95%RH、28d	蒙华项目部	陕西省榆林市	2018.03.09	中铁四局	张三	8人	MH01	2018.04.10	应力101Mpa
陕西省榆林市	2018.02.24	温度20℃±2℃、湿度95%RH、28d	蒙华项目部	陕西省榆林市	2018.03.10	中铁四局	张三	8人	MH01	2018.04.11	应力102Mpa
陕西省榆林市	2018.02.25	温度20℃±2℃、湿度95%RH、28d	蒙华项目部	陕西省榆林市	2018.03.11	中铁四局	张三	8人	MH01	2018.04.12	应力103Mpa
陕西省榆林市	2018.02.26	温度20℃±2℃、湿度95%RH、28d	蒙华项目部	陕西省榆林市	2018.03.12	中铁四局	张三	8人	MH01	2018.04.13	应力100Mpa
陕西省榆林市	2018.02.27	温度20℃±2℃、湿度95%RH、28d	蒙华项目部	陕西省榆林市	2018.03.13	中铁四局	张三	8人	MH01	2018.04.14	应力101Mpa
陕西省榆林市	2018.02.28	温度20℃±2℃、湿度95%RH、28d	蒙华项目部	陕西省榆林市	2018.03.14	中铁四局	张三	8人	MH01	2018.04.15	应力102Mpa
陕西省榆林市	2018.03.01	温度20℃±2℃、湿度95%RH、28d	蒙华项目部	陕西省榆林市	2018.03.15	中铁四局	张三	8人	MH01	2018.04.16	应力103Mpa
陕西省榆林市	2018.03.02	温度20℃±2℃、湿度95%RH、28d	蒙华项目部	陕西省榆林市	2018.03.16	中铁四局	张三	8人	MH01	2018.04.17	应力100Mpa
陕西省榆林市	2018.03.03	温度20℃±2℃、湿度95%RH、28d	蒙华项目部	陕西省榆林市	2018.03.17	中铁四局	张三	8人	MH01	2018.04.18	应力101Mpa
陕西省榆林市	2018.03.04	温度20℃±2℃、湿度95%RH、28d	蒙华项目部	陕西省榆林市	2018.03.18	中铁四局	张三	8人	MH01	2018.04.19	应力102Mpa
陕西省榆林市	2018.03.05	温度20℃±2℃、湿度95%RH、28d	蒙华项目部	陕西省榆林市	2018.03.19	中铁四局	张三	8人	MH01	2018.04.20	应力102Mpa
陕西省榆林市	2018.03.06	温度20℃±2℃、湿度95%RH、28d	蒙华项目部	陕西省榆林市	2018.03.20	中铁四局	张三	8人	MH01	2018.04.21	应力103Mpa
陕西省榆林市	2018.03.07	温度20℃±2℃、湿度95%RH、28d	蒙华项目部	陕西省榆林市	2018.03.21	中铁四局	张三	8人	MH01	2018.04.22	应力100Mpa
陕西省榆林市	2018.03.08	温度20℃±2℃、湿度95%RH、28d	蒙华项目部	陕西省榆林市	2018.03.22	中铁四局	张三	8人	MH01	2018.04.23	应力101Mpa
陕西省榆林市	2018.03.09	温度20℃±2℃、湿度95%RH、28d	蒙华项目部	陕西省榆林市	2018.03.23	中铁四局	张三	8人	MH01	2018.04.24	应力102Mpa
陕西省榆林市	2018.03.10	温度20℃±2℃、湿度95%RH、28d	蒙华项目部	陕西省榆林市	2018.03.24	中铁四局	张三	8人	MH01	2018.04.25	应力103Mpa
陕西省榆林市	2018.03.11	温度20℃±2℃、湿度95%RH、28d	蒙华项目部	陕西省榆林市	2018.03.25	中铁四局	张三	8人	MH01	2018.04.26	应力100Mpa
陕西省榆林市	2018.03.12	温度20℃±2℃、湿度95%RH、28d	蒙华项目部	陕西省榆林市	2018.03.26	中铁四局	张三	8人	MH01	2018.04.27	应力101Mpa
陕西省榆林市	2018.03.13	温度20℃±2℃、湿度95%RH、28d	蒙华项目部	陕西省榆林市	2018.03.27	中铁四局	张三	8人	MH01	2018.04.28	应力102Mpa
陕西省榆林市	2018.03.14	温度20℃±2℃、湿度95%RH、28d	蒙华项目部	陕西省榆林市	2018.03.28	中铁四局	张三	8人	MH01	2018.04.29	应力103Mpa
陕西省榆林市	2018.03.15	温度20℃±2℃、湿度95%RH、28d	蒙华项目部	陕西省榆林市	2018.03.29	中铁四局	张三	8人	MH01	2018.04.30	应力100Mpa
陕西省榆林市	2018.03.16	温度20℃±2℃、湿度95%RH、28d	蒙华项目部	陕西省榆林市	2018.03.30	中铁四局	张三	8人	MH01	2018.05.01	应力101Mpa
陕西省榆林市	2018.03.17	温度20℃±2℃、湿度95%RH、28d	蒙华项目部	陕西省榆林市	2018.03.31	中铁四局	张三	8人	MH01	2018.05.02	应力102Mpa
陕西省榆林市	2018.03.18	温度20℃±2℃、湿度95%RH、28d	蒙华项目部	陕西省榆林市	2018.04.01	中铁四局	张三	8人	MH01	2018.05.03	应力103Mpa
陕西省榆林市	2018.03.19	温度20℃±2℃、湿度95%RH、28d	蒙华项目部	陕西省榆林市	2018.04.02	中铁四局	张三	8人	MH01	2018.05.04	应力100Mpa
陕西省榆林市	2018.03.20	温度20℃±2℃、湿度95%RH、28d	蒙华项目部	陕西省榆林市	2018.04.03	中铁四局	张三	8人	MH01	2018.05.05	应力101Mpa
陕西省榆林市	2018.03.21	温度20℃±2℃、湿度95%RH、28d	蒙华项目部	陕西省榆林市	2018.04.04	中铁四局	张三	8人	MH01	2018.05.06	应力102Mpa
陕西省榆林市	2018.03.22	温度20℃±2℃、湿度95%RH、28d	蒙华项目部	陕西省榆林市	2018.04.05	中铁四局	张三	8人	MH01	2018.05.07	应力103Mpa
陕西省榆林市	2018.03.23	温度20℃±2℃、湿度95%RH、28d	蒙华项目部	陕西省榆林市	2018.04.06	中铁四局	张三	8人	MH01	2018.05.08	应力100Mpa
陕西省榆林市	2018.03.24	温度20℃±2℃、湿度95%RH、28d	蒙华项目部	陕西省榆林市	2018.04.07	中铁四局	张三	8人	MH01	2018.05.09	应力101Mpa
陕西省榆林市	2018.03.25	温度20℃±2℃、湿度95%RH、28d	蒙华项目部	陕西省榆林市	2018.04.08	中铁四局	张三	8人	MH01	2018.05.10	应力102Mpa
陕西省榆林市	2018.03.26	温度20℃±2℃、湿度95%RH、28d	蒙华项目部	陕西省榆林市	2018.04.09	中铁四局	张三	8人	MH01	2018.05.11	应力103Mpa
陕西省榆林市	2018.03.27	温度20℃±2℃、湿度95%RH、28d	蒙华项目部	陕西省榆林市	2018.04.10	中铁四局	张三	8人	MH01	2018.05.12	应力100Mpa

图 7-77　在 Access 中建立信息示例(2)

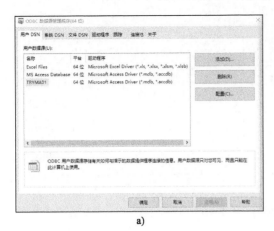

a)　　b)

图 7-78　设置数据库接口

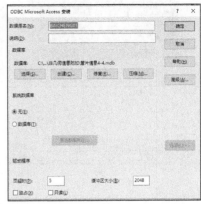

完成管片信息数据库的建立和 ODBC 数据库接口的设置后,下一步将实现构件模型与数据库之间的连接,使之能够和数据库信息一一对应。

b. 在 MicroStation 内链接 ODBC 数据库:使用 MicroStation 打开已经建立完成的盾构管片模型,后选择"设置→数据库→连接",打开如图 7-79 所示的对话框。选择"ODBC(C)"选项卡,"连接字符串"输入缺省值" * ",点击确定弹出如图 7-80 所示的对话框。从"机器数据源"选项卡中选择上步建立的数据库名称,即可实现从 MicroStation 内部连接数据库。

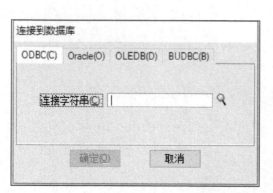

图 7-79 连接到数据库对话框

图 7-80 选择数据源对话框

将数据库连接到模型文件中后,需要将相应的信息与模型文件中的单个文件连接它们专属的属性。在软件中主要通过数据库管理来对连接到文件的数据库进行分配、管理和查看,只需要将不同的信息赋予相应的构件即可。具体界面如图 7-81 所示,在连接的过程中不需要手动输入,只需要检查确认信息是否正确,信息修改只需要在数据库文件中修改即可。

a)

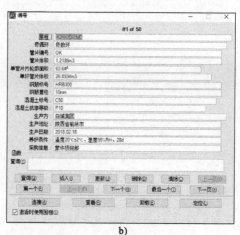
b)

图 7-81 链接管片环的非几何信息

完成了管片的信息的附加,若要进行每块管片非几何信息的查询,可点击"工具→数据库→检查元素的数据库属性",单击相应的构件就会显示它的属性信息,如图7-82所示。

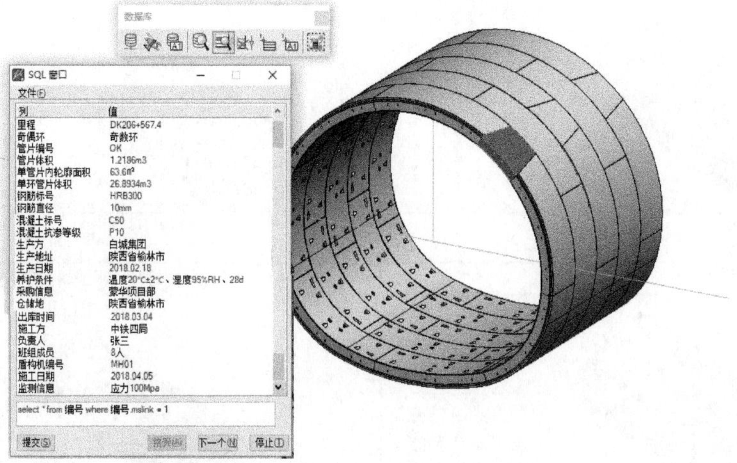

图 7-82 利用数据库查询管片的非几何信息

3) 施工过程及控制三维数字模型

对于隧道施工过程及控制可以通过软件提供的功能,利用虚拟施工模拟跟踪、显示实际隧道施工进度;另一方面可以通过采集的隧道数据构成三维模型,从而管理和控制施工过程及施工质量。

(1) 施工进度模拟

使用 BIM 技术建立施工 4D 信息模型可以实现对施工阶段的动态控制。编制施工进度计划,导入三维信息模型中完成基于 BIM 技术的 4D 模型,并通过实际施工与原进度对比分析进行优化,使得施工进度更具有直观性和可操作性,减少碰撞冲突,提高施工效率,减少资源浪费。MicroStation 平台下的 Navigator 模型审查和进度模拟软件,能够将施工进度计划导入软件中,并将施工进度计划链接至三维模型,使得三维模型能够按照施工进度计划进行施工模拟,如图 7-83 所示为管片拼装进度模拟。对比传统的优化施工设计过程,使用 BIM 技术对施工阶段的优化设计更加精确和直观地展现出设计施工存在的细节问题。

(2) 基于隧道现场数据的 BIM 建模

基于隧道现场数据的 BIM 建模需要利用三维激光扫描将现场数据采集回来,然后利用隧道点云后处理软件"智隧三维激光点云处理分析系统(TK-PCAS)"进行建模、分析。

①三维激光扫描技术简介

三维激光扫描仪采用非接触式高速激光测量的方式获取地形或者物体的几何图形数据和影像数据,然后由后处理软件对采集的点云数据进行处理转换成绝对坐标系中的空间位置坐标或模型。三维激光扫描技术采用激光反射定位技术进行测量,扫描时三维激光扫描仪发射器先发出一个激光脉冲信号,经扫描物体表面漫反射后,沿相同的路径反向传回到接收器。从而可以得到横向和纵向扫描角度,并依据反射信号到达时间数据计算扫描对象与扫描仪间距,最终自动计算扫描点位相对于扫描仪的相对坐标,测量原理如图 7-84 所示。三维激光扫描仪可以自动化地记录被测物体位置、大小、形状等,能够在较短的时间内以极高的分辨率扫描被测物体。

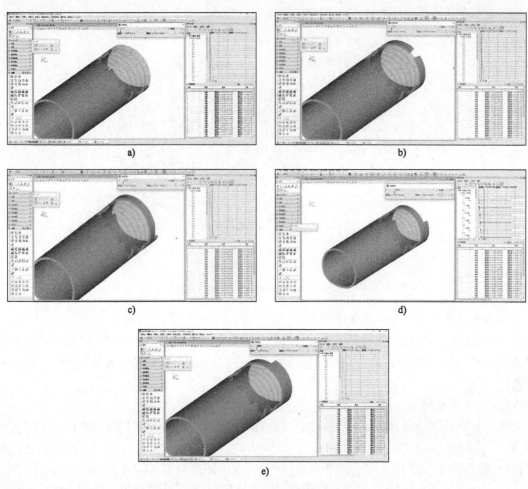

图 7-83 管片拼装

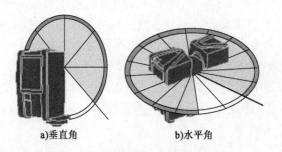

图 7-84 三维激光测量原理

三维扫描技术具有以下特点：

a. 数据采样率高、速度快。三维激光扫描仪能够在数秒内采集上千个点，可以采获更多的物体空间信息。

b. 精确度高。三维扫描采用激光扫描方式，测点精度高于摄影测量中的解析点，其精度分布较摄影测量更为平均，能够避免表面的近似误差。

c. 受外界影响小。三维激光测量能在任何时间和地点通过自身发射的激光反射信号得到所测对象的位置信息，对光照没有要求，十分适应隧道内光照不足的环境。

②三维激光点云数据应用

三维激光扫描技术又称"实景复制技术"，它利用向被测对象发射激光束和接收由被测物发射回的激光信号获取被测对象的空间坐标信息，这些三维坐标信息可导入三维软件进行后续工程设计。该技术可将任何复杂的现场环境、空间物体进行扫描操作，直接将各种大型、复杂、不规则实体或实景的三维数据完整地采集到计算机中，进而快速重构出目标的三维模型及线、面、体、空间等各种制图数据；同时，它所采集的三维激光点云数据还可进行各种后处理工作(如测绘、计量、分析、仿真、模拟、展示、监测、虚拟现实等)。如图7-85所示为隧道施工现场的扫描数据，图7-86所示为隧道贯通后的扫描数据。

图7-85　隧道施工过程点云数据

图7-86　隧道贯通后的点云数据

在盾构隧道中，存在开裂、破损、错台等问题，在软件中构建的三维模型可以定量地获得被测物信息。可以测量扫描点之间的距离，显示点与点的实际距离、水平距离及垂直距离，可用于观测裂缝，测量其宽度和长度，如图7-87所示。

管片错台不仅影响盾构隧道的外观质量，还会导致管片破裂、隧道渗漏、盾尾刷损坏等，在软件中可以直观地观察到这种相邻管片之间内弧面不平整的情况，如图7-88所示，里程DK207+121.89处管片错台1.4cm左右。

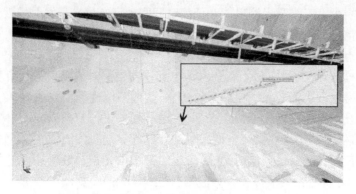

图 7-87　管片裂缝测量

图 7-88　管片错台测量

除了直接对点云模型进行运用外,还可以通过"智隧三维激光点云处理分析系统(TK-PCAS)"对点云数据进行自动分析,可以自动检测净空、平整度等并出具报告,也可生成三维浏览数据,通过颜色云图直观形象地展示隧道中遇到的问题。使用该软件的具体步骤如下:

新建"智隧三维激光点云处理分析系统"工程项目并从已经建立好的 BIM 模型中导入平曲线、竖曲线及设计断面等设计参数,如图 7-89 所示。图中深色点位表示测站在线路中的位置。

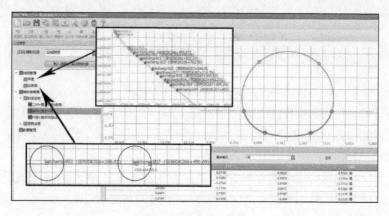

图 7-89　导入设计参数

通过平曲线、竖曲线形成线路文件,对于宏观把握线路走向,统筹全局具有指导性地位。可以直观地看到测站位置在整个线路中所处的位置,同时也可将三维激光扫描仪测站坐标通过相对坐标转换到绝对坐标,纳入施工控制网,将测站位置对应到线路中线。在此线路图中,也能观测到测站位置是否处于线路中线,便于及时筛选出不合格的测站信息,提高测量质量和效率。再将各区段设计断面文件加载到工程文件,在不同的里程区间对应不同的设计断面,精准对扫描断面进行分析。通过相同断面的点云数据与设计断面进行对比,从而能够分析盾构断面是否与设计断面贴合,对施工过程进行控制,提高施工质量。如图 7-90 所示为管片激光断面与隧道设计断面的比对图。

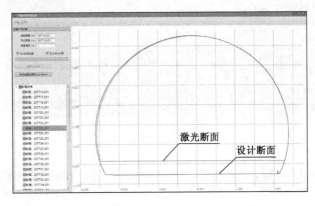

图 7-90　管片激光断面与隧道设计断面比对图

通过本软件还可以自动将选中里程内的数据按照所选间隔出具净空检测报告,如图 7-91 所示。

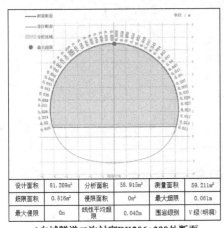 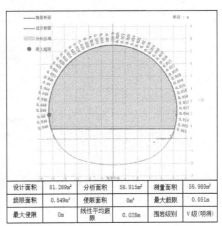

a) 白城隧道二次衬砌DK206+380处断面　　b) 白城隧道二次衬砌DK206+426处断面

图 7-91　自动化报表

除了二维报表外,本软件还可以将三维点云数据直接转化为表面模型,通过顶点的颜色赋值表示超侵限、平整度等。本模型既可以三维展示(图 7-92),并可以根据点击的位置弹出相应的数据,更有利于对隧道整体情况的了解。同时,可以沿隧道中线生成展开图,这样该隧道的情况通过一个平面便显现得一览无遗。通过点击平面图,软件自动跳出该点的数值、所在里程及所在断面的位置,如图7-93所示。

图7-92 白城隧道净空三维展示

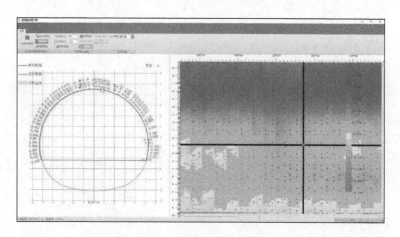

图7-93 白城隧道净空平面展开图

7.3 盾构项目管理系统

1)盾构远程在线监测云平台简介

盾构远程在线监测云平台(简称"盾构云")是将数据技术和互联网技术应用于建筑施工的典型案例,系统充分融合了互联网+、大数据、云平台的思维和方法,主要用于为盾构施工提供优质的信息化服务。该平台包含对施工装备实时监测、动态预警、数据分析等以及对施工进度、质量及成本实时监测和施工风险动态预警等功能,使用者可通过手机、平板电脑实时掌握装备及项目的运行状况。

2）功能详述

该平台包含对施工装备实时监测、动态预警、数据分析等以及对施工进度、质量及成本实时监测和施工风险动态预警等功能，使用者可通过手机、平板电脑实时掌握装备及项目的运行状况。

(1) 盾构模块

盾构模块包含区间信息、盾构监控、风险管控、工程品质、盾构健康、成本分析、大数据、视频监控、数据工具九个子模块。

①区间信息

区间信息包含区间概况、进度汇总、地质情况三方面内容。

a. 区间概况：主要描述区间工程概况、施工单位、线路走向、沿线风险源与盾构机的相对位置关系、主要掘进参数、进度计划与实际相对关系、项目健康评估以及项目人员信息，能够直观地反映施工风险源、施工进度的完成情况，如图7-94 所示。

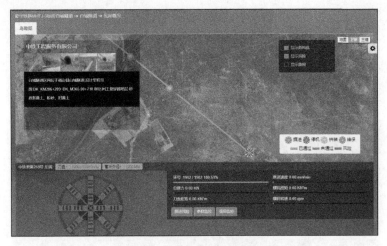

图 7-94　盾构云平台区间概况

b. 进度汇总：主要展示每天掘进进度与预计掘进进度的对比情况，同时以横道图的方式展现整个施工项目的工期计划以及当前施工进度情况。

c. 地质情况：主要记录在施工过程中里程和环号所对应的地质信息，并且可根据实际掘进过程中所发现的真实地质情况对地勘进行修正，同时可查看原始地质图，如图7-95 所示。

②盾构监控

盾构监控包含主监视和参数诊断两个模块。

a. 主监视：主要展示盾构掘进各关键参数信息，所监视界面和真机保持一致，包括主监视界面、盾构姿态、泡沫工作情况、整机能耗情况，图7-96 所示。

b. 参数诊断：主要对近期装备各关键部位的参数变化情况、变动趋势进行统计，包括刀盘系统、螺旋输送机系统、泡沫系统等，如图7-97 所示。

③风险管控

风险管控包含组段划分、风险预警/报警、纵断面风险、沉降控制、停机原因申报五个模块。

a. 组段划分：根据整个项目区间地质情况的不同将区间划分成多个段落，对盾构机掌子面地质情况、上覆土层情况进行展示并且对地质参数进行存储,为后期盾构智能掘进奠定基础。

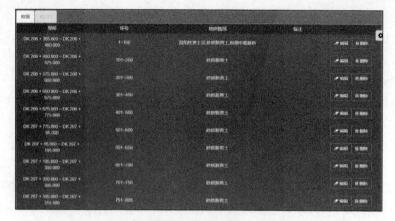

图 7-95　地质情况

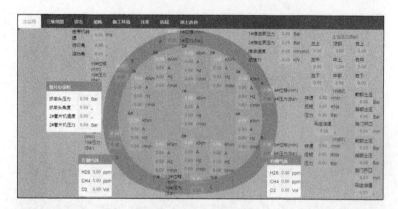

图 7-96　设备主监视

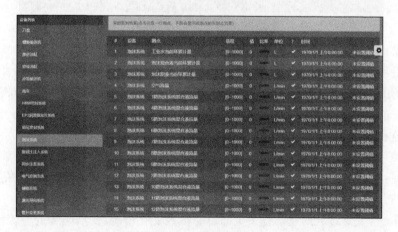

图 7-97　参数诊断

b. 风险预警/报警:对盾构施工过程中的施工报警、设备报警信息进行收集统计存储,并且指定报警信息接收人,让接收人判断当前报警信息是否影响盾构掘进施工,严格控制盾构施工风险。

c. 纵断面风险：以纵向剖面图的形式展示盾构设备当前埋深、设备前进趋势、距离最近风险点的距离。

d. 沉降控制：可展示现场沉降控制点的沉降情况，同时结合土仓压力和液压缸推力实施参数，综合两者信息，可对地面沉降情况进行判断。

④工程品质

工程品质包含每环品质、出土注浆。

a. 每环品质：对每环管片拼装质量通过监控盾构姿态变化数据实现实时监控，对姿态变化超出设定范围的进行标红显示并报警，如图 7-98 所示。

环号	日期	掘进	管片安装	掘进速度(MM/MIN)	开始坐标	结束坐标	出土量(M³)	注浆量(M³)	管片拼装	预警
1450	2017-10-06	74分0秒	41分0秒	20.27	切口：(20.0000,1.0000) 盾尾：(33.0000,24.0000)	切口：(15.0000,0.0000) 盾尾：(31.0000,22.0000)	0	0	完好	
1449	2017-10-05	75分25秒	67分0秒	19.89	切口：(21.0000,3.0000) 盾尾：(33.0000,24.0000)	切口：(20.0000,1.0000) 盾尾：(33.0000,24.0000)	0	0	完好	
1448	2017-10-05	73分0秒	35分0秒	20.55	切口：(20.0000,6.0000) 盾尾：(33.0000,25.0000)	切口：(21.0000,3.0000) 盾尾：(33.0000,24.0000)	0	0	完好	
1447	2017-10-05	71分25秒	89分35秒	21	切口：(34.0000,7.0000) 盾尾：(44.0000,25.0000)	切口：(20.0000,6.0000) 盾尾：(33.0000,25.0000)	0	0	完好	姿态变化较大
1446	2017-10-05	74分35秒	32分50秒	20.11	切口：(1.0000,6.0000) 盾尾：(12.0000,21.0000)	切口：(34.0000,7.0000) 盾尾：(44.0000,25.0000)	0	0	完好	姿态变化较大
1445	2017-10-05	77分35秒	66分25秒	19.33	切口：(3.0000,6.0000) 盾尾：(12.0000,20.0000)	切口：(1.0000,6.0000) 盾尾：(12.0000,21.0000)	0	0	完好	
1444	2017-10-05	76分0秒	31分25秒	19.74	切口：(4.0000,4.0000) 盾尾：(11.0000,19.0000)	切口：(3.0000,6.0000) 盾尾：(12.0000,20.0000)	0	0	完好	
1443	2017-10-05	78分25秒	96分10秒	19.13	切口：(4.0000,6.0000) 盾尾：(8.0000,22.0000)	切口：(4.0000,4.0000) 盾尾：(11.0000,19.0000)	0	0	完好	
1442	2017-10-05	88分0秒	38分10秒	17.05	切口：(6.0000,4.0000) 盾尾：(4.0000,23.0000)	切口：(4.0000,6.0000) 盾尾：(8.0000,22.0000)	0	0	完好	

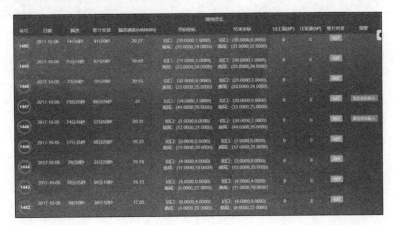

图 7-98　每环品质

b. 出土注浆：对每环出土注浆量进行统计，可通过手动录入或渣土体积测量系统自动读取。

⑤盾构健康

盾构健康包含维修保养、零部件故障、主轴承健康、油水检测四个模块。

a. 维修保养：对设备各关键部位设定定期保养提醒，并指明定期保养内容，对保养情况进行统计展示，如图 7-99 所示。

NO	作业对象	期	作业内容	上次作业	下次作业	健康评分	作业日期
1	盾尾油脂系统	日	控制阀的操作测试	2018/01/05	2018/01/06		yyyy/mm/l
2	空气清洁装置	日	排水、清洁过滤器，必要时更换，油雾器灌油	2018/01/05	2018/01/06		yyyy/mm/l
3	盾壳底部的推进油缸	日	润滑球面的底部/滑板的杆	2018/01/05	2018/01/12		yyyy/mm/l
4	自动保压调节装置	日	激活待机状态的压缩空气调节器；	2018/01/05	2018/01/12		yyyy/mm/l
5	压力壁门	日	润滑铰链	2017/12/09	2018/01/09		yyyy/mm/l
6	人舱	日	润滑所有门上的铰链	2017/12/09	2018/01/09		yyyy/mm/l
7	吊装装置	日	检查荷载链的张力变形和磨损；检查悬挂卸扣的破裂和变形	2017/12/08	2018/03/08		yyyy/mm/l
8	油脂润滑之单线油脂系统递进式分配阀	日	检查递进式分配阀的动作并检查压力传感器显示数值是否与压力表数值接近，清洗EP2油脂过滤器	2017/12/08	2018/03/08		yyyy/mm/l

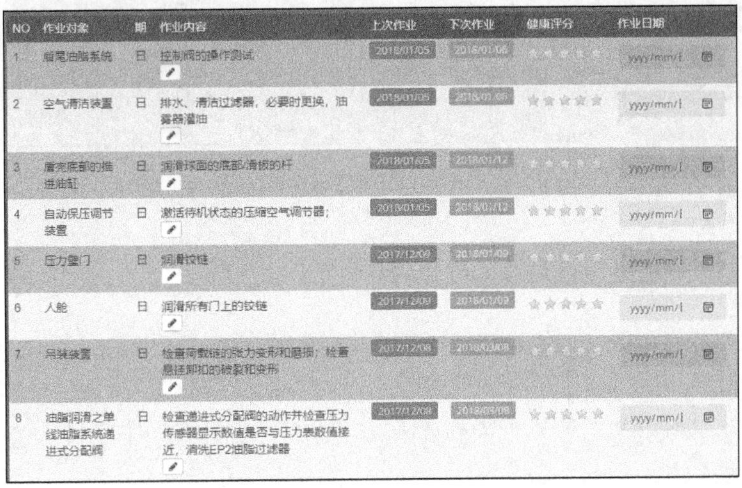

图 7-99　维修保养

b. 零部件故障：对施工过程中设备报警信息进行统计存储，包括报警内容、时间、报警持续时间等信息，并且对设备产生的报警信息按照发生频率高低进行排列，可将此项信息反馈至设备制造公司，优化设备制造。

⑥成本分析

针对掘进过程中材料消耗成本进行实时统计，并以图表形式直观展现，便于施工成本控制，如图7-100所示。

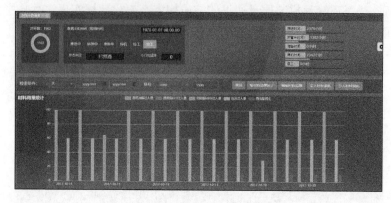

图7-100　成本分析

⑦大数据

对设备本身在施工过程中的数据进行统计分析，包括刀盘系统、姿态数据、推进系统等，分别按照环号进展趋势显示或每环作业时间显示。对项目整体施工工效进行统计显示（图7-101），对历史掘进数据及掘进时效进行实时统计，有助于对项目进行评估管理。

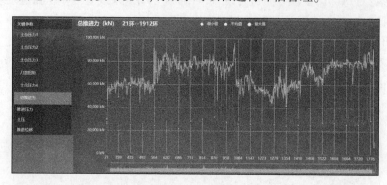

图7-101　数据展示

⑧视频监控

通过远程视频监控，实时关注施工现场情况。

⑨数据工具

包含数据导入/导出和阈值设定，便于离线分析数据，根据数据分析动态调整参数阈值。

(2) 考评模块

对盾构施工关键过程、工序设置控制要求，形成扣分记录，有助于项目后期考核。

(3) 指导曲线模块

包含项目建立、地质组段划分、关键参数生成等，通过植入参数计算公式、相关地质资料以及相似地层历史掘进数据,运用深度学习及公式印证,提前预设关键参数,根据组段划分要求评价各区段风险,最终实现各区段盾构施工关键操作参数智能推荐。

(4)物资管理模块

包含仓储系统管理、仓储报表管理、仓储建设管理三个子模块,涵盖从物资需求、审批、采购、使用、出库、入库、快捷查询、报表生成各环节,为项目成本管理的标准化、信息化提供支持,如图7-102所示。

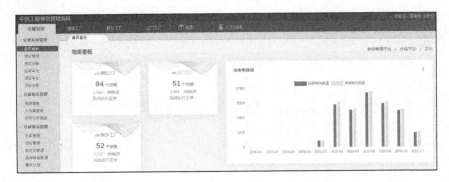

图7-102 物资管理

第8章　总结与展望

8.1　关键技术创新

1)技术创新一

提出了山岭隧道马蹄形盾构机掘进控制模式和山岭盾构隧道"浅—中—深"管片设计荷载模式,设计了"7+1"分块的超大断面马蹄形隧道非等参管片结构,形成了马蹄形管片现场制造工艺与拼装技术。

(1)提出了山岭盾构隧道"浅—中—深"管片设计荷载模式,通过荷载结构分析,优化设计了由3种半径、4段圆弧构成的"7+1"分块马蹄形断面管片结构,采用错缝拼装,设置奇数、偶数环,无楔形量。

(2)白城隧道衬砌成环尺寸高10.589m、宽11.540m,幅宽1.6m,管片厚0.5m。管片混凝土等级C50,抗渗等级P10。根据马蹄形断面各块管片内力进行非等参配筋设计,与等参配筋管片相比,节约钢筋用量1836.6t。

(3)针对大断面马蹄形管片开发专用模具进行现场台座预制,研发了专用棚罩,配备测温系统实现自动蒸汽养护,利用专用管片夹具实现拆模、转运等现场作业;采用"6+1"自由度拼装机,按照先下部、再左右对称、后封顶块的工艺,实现超大断面马蹄形盾构多曲率管片现场精准快速拼装。

2)技术创新二

创新了以基坑内既有明洞提供反力的始发结构,以及出口段加固挡护体系,解决了山岭路堑始发与接收技术难题。

(1)研发了适应山岭地形的明洞支反力结构始发技术

创新了进口段构建盾体承重基座、基坑内既有明洞提供反力的始发结构体系,替代了传统竖井式盾构始发模式。白城隧道进口位于砂质新黄土地层,因受地形限制无法采用传统盾构始发方式。为此,优化设计并施作了24m、C40明洞支反力结构,在始发段明洞基坑浇筑钢筋混凝土基座,采用大管棚超前支护代替常规端头地层加固,以型钢套拱密封代替常规端墙和帘布橡胶密封,缩短了始发时间,节省坑工,实现了山岭隧道超大断面马蹄形盾构安全、经济、高效始发。

(2) 研发了翼墙式洞门路堑接收技术

研发了由钢筋混凝土套拱、洞门端墙、八字挡墙和基底桩基等组成的出口段加固挡护体系。白城隧道出口位于粉砂地层,因受地形限制无法采用传统盾构接收方式。为此,通过在出口路堑中设置长17m、C30钢筋混凝土基座,实施了两阶段盾构接收工艺,同时将管片结构延伸到端墙外部,解决了管片衬砌与明洞衔接问题,实现了山岭隧道超大断面马蹄形盾构安全、精准接收。

3) 技术创新三

研发了超大断面马蹄形盾构施工相配套的姿态控制、长距离掘进、管片椭变控制、硬质土地层刀盘盲区处置等关键施工技术,开发了基于GIS+BIM+SPM的TIM数字化管理平台,有效控制了工程风险。

(1) 研发了马蹄形盾构机姿态控制关键技术

由于马蹄形盾构机断面非中心对称,推进过程中易发生轴线偏转和滚转,造成隧道线型及净空不满足设计,以及管片拼装等难题。为此,研发了马蹄形盾构机姿态多手段协同控制关键技术,通过盾壳设水平倾角传感器、调节刀盘旋转速度及方向、螺旋机无级调速控制土仓压力、盾周预留压浆口、盾壳加装配重块等措施"勤纠、量小"纠偏,实现盾构机姿态精度控制在±25mm范围内。

(2) 形成了超大断面马蹄形盾构法隧道长距离快速施工关键技术

针对超大断面马蹄形山岭隧道长距离掘进控制难题,形成超大断面马蹄形盾构法隧道长距离快速施工成套关键技术:研制了高效环保型泡沫剂,开发了马蹄形多刀盘渣土改良技术;研制了3.8km长距离皮带输送机,提高了运输效率;研配了新型高分子A、B料同步注浆材料,有效控制超大断面马蹄形盾构管片椭变和上浮;研发了浅埋下穿燃气管道和高速公路控制技术,确保工程安全。

(3) 开发了硬质土地层多刀盘开挖面盲区处置技术

在硬质土侵入地层掘进时,多刀盘马蹄形盾构机的开挖盲区易导致掘进、出渣困难。通过加大刀盘直径和增设圆锥形分渣器等技术手段,研发了硬质土侵入地层多刀盘开挖面盲区处置技术:增大4号、5号、6号刀盘直径,减少中下部盲区面积45.7%;在土仓底部5点和7点位置盲区增加圆锥形分渣器,以破坏此处老黄土;在5号刀盘中心轴下部增加分渣器,以便渣土直接排到螺旋输送机输送口。工程实践表明,采用开挖面盲区处置技术,盾构机掘进恢复正常,姿态控制良好。

(4) 开发了基于GIS+BIM+SPM的TIM数字化管理平台

基于地质信息系统(GIS)、建筑信息化模型(BIM)技术和盾构项目管理系统(SPM)自主研发了不依赖第三方平台的数字化管理平台—隧道信息化模型(TIM),开发了盾构项目管理系统,对施工过程中掘进参数实时监控,实现了超大断面马蹄形盾构山岭隧道施工全过程的远程故障诊断、安全预警和专家支持,为超大断面山岭隧道马蹄形盾构掘进决策提供了精准依据。

8.2 社会、环境与经济效益

白城隧道成功采用超大断面马蹄形土压平衡盾构法施工,实现产值收入47400万元,直接经济效益显著。该项目的成功实施,填补了国内外马蹄形盾构法施工领域的技术空白。采用马蹄形盾构与传统圆形盾构开挖隧道相比,空间利用率提高15%,刀盘驱动能耗节约45%。此外,在施工方面,减少了仰拱混凝土,实现了少开挖、少注浆、少混凝土圬工量,隧道成本节约明显。在设备方面,空间利用率的提高带来盾构机尺寸的缩减,同时采用多刀盘多驱动方式开挖,与单刀盘单驱动相比,可显著减小刀盘、轴承尺寸,降低刀盘、轴承加工制造难度,设备加工制造成本可降低35%,间接经济效益显著。采用超大断面马蹄形盾构法施工安全、质量、环保和近接构筑物影响上优势明显,该项目因机械化程度高,达到了马蹄形盾构月成洞308.8m纪录,成功实现控制工期工程提前6个月,确保了浩吉铁路2019年9月28日正式通车运营,实现运营经济效益15000万元。

传统的矿山法施工,施工周期长,对周围环境将造成巨大影响,同时具有较大的安全隐患。利用马蹄形土压平衡盾构法施工具有机械化程度高、施工效率快、作业环境优等优势,真正实现了铁路隧道机械化、自动化安全无障碍施工,为施工人员提供可靠的安全保障,更是对现代化环境友好型新型施工方法的成功探索。为山岭公铁双线隧道、城市地铁双线隧道等工程建设提供了安全、高效、经济、环保的新工法新工艺,直接加快了交通基础设施建设与经济发展,社会效益显著。

8.3 优化改进建议及推广价值

8.3.1 优化改进建议

通过本项目的研究和实践,认为盾构法施工仍有多方面值得改进的地方,从而提高其经济性和应用效果。改进建议如下:

(1)增加整形器和优化同步注浆材料

在隧道掘进过程中,由于盾构断面大,成型管片结构自重作用下易发生椭变,也容易在局部变形较大位置,由于接头顶触产生开裂。本项目为抑制椭变和开裂,增加了A、B浆液快凝材料和相关工艺进行控制,注浆成本高昂,因此在将来类似工程中可增加整形器来控制管片的椭变。在整形器辅助下,可以选用更为经济的同步注浆材料进行填充,可产生显著的经济和环境效益。

(2)纵向连接螺栓可改永久型为临时型

根据国外一些隧道建设经验,结合本工程的实践,在地层相对稳定的隧道中,管片纵向连接螺栓仅起到拼装和在同步浆液硬化,以及地层压力未完全释放阶段进行纵向连接和传递纵向内力的作用。在稳定后,纵向连接螺栓并非为必要受力零件,可以取消,因此可在施工阶段的前 200 环临时保留,过后可予以拆除。

(3)优化管片配筋和结构设计

通过数值计算和现场测试对比发现,正常情况下管片结构处于小偏心受压状态,中埋、深埋管片结构实测弯矩标准值仅为设计标准值的 $1/3 \sim 1/2$,因此管片结构配筋或厚度有一定的优化空间。

此外,在结构施工过程中,由于超大断面管片结构的椭变,管片转动和变形量大,接头处混凝土产生顶触,在前期管片结构拼装中,墙脚接头部位产生了许多裂缝,因此需要改进接头抗变形、抗剪设计,加强局部抗剪能力,保护管片。

(4)优化刀盘,减少或杜绝盲区

在本项目中,遇老黄土侵入线路下部断面,致无法掘进,虽然在采取加大刀盘直径、加装破土器等措施后,予以解决,但付出了较大的工期和成本代价。建议采取可在盲区部位伸缩的刀盘构造或其他辅助措施,以减少或彻底消除盲区。

8.3.2 推广价值

马蹄形土压平衡盾构机在浩吉铁路白城隧道项目的成功应用,开创了在黄土隧道采用大断面马蹄形盾构法施工的先河,在施工过程中,盾构始发、掘进、接收各工序施工质量可控,各项施工参数均满足施工要求,实现了开挖、出渣、顶进、管片拼装、同步注浆等工序的一体化施工与主控室数字化控制。经过项目团队精心组织,达到了月平均成洞进度 220m,月最快成洞进度 308.8m,同时,姿态差控制在 25mm 内,较好满足实际要求指标,并以其空间利用率高、施工速度快等优点,得到了国内外广泛好评与认可。以本工程为依托的"采用大断面马蹄形的土压平衡盾构法首次应用于黄土隧道"荣获具有隧道领域"奥斯卡"之称的国际隧道协会(ITA)"2018 年度工程创新技术奖"。

浩吉铁路白城马蹄形盾构隧道的成功建成必将载入我国山岭隧道建设史,极大地促进山岭土质隧道施工方法向着全机械化和自动化、少人化方向发展,有力推动了隧道工程技术进步。山岭隧道马蹄形盾构修建技术也必将以其安全、高效、经济、环保的显著优点,在我国广大黄土地区和土质地层铁路、公路隧道建设中得到越来越广泛的应用,为我国基础设施建设做出更大的贡献。

参 考 文 献

[1] 赵勇,等.隧道设计理论与方法[M].北京:人民交通出版社股份有限公司,2019.
[2] 田四明,王伟,巩江峰.中国铁路隧道发展与展望(含截至2020年底中国铁路隧道统计数据)[J].隧道建设(中英文),2021,41(2):308.
[3] 蒋树屏,林志,王志飞.2018年中国公路隧道发展[J].隧道建设,2019,39(7):1217-1220.
[4] 洪开荣.我国隧道及地下工程近两年的发展与展望[J].隧道建设,2017,37(02):123-134.
[5] 王梦恕.中国铁路、隧道与地下空间发展概况[J].隧道建设,2010,30(4):351-364.
[6] 《中国公路学报》编辑部.中国隧道工程学术研究综述:2015[J].中国公路学报,2015,28(05):1-65.
[7] 杜立杰.中国TBM施工技术进展、挑战及对策[J].隧道建设,2017,37(09):1063-1075.
[8] 王同军.我国铁路隧道智能化建造技术发展现状及展望[J].中国铁路,2020(12):1-9.
[9] 王志坚.高速铁路山岭隧道智能化建造技术研究——以郑万高速铁路湖北段为例[J].铁道学报,2020,42(02):86-94.
[10] 李建斌,才铁军.中国大盾构:中国全断面隧道掘进机及施工技术发展史[M].北京:科学出版社,2019.
[11] 李建斌.我国掘进机研制现状、问题和展望[J].隧道建设(中英文),2021,41(6):877.
[12] 洪开荣,等.盾构与掘进关键技术[M].北京:人民交通出版社股份有限公司,2018.
[13] 陈馈,王江卡,谭顺辉,等.盾构设计与施工[M].北京:人民交通出版社股份有限公司,2019.
[14] 陈馈,洪开荣,焦胜军.国内外盾构法隧道施工实例[M].北京:人民交通出版社股份有限公司,2016.
[15] 赵勇,李国良,喻渝.黄土隧道工程[M].北京:中国铁道出版社,2011.
[16] 康军,谢永利,李睿.黄土公路隧道工程[M].北京:人民交通出版社,2011.
[17] 李国良.大跨黄土隧道设计与安全施工对策[J].现代隧道技术,2008,45(1):53-62.
[18] 谭忠盛,喻渝,杨建民,等.大断面深埋黄土隧道锚杆作用效果的试验研究[J].岩土力学与工程学报,2008(8):1618-1625.
[19] 魏保存,田志杰,陈风山.黄土隧道浅埋段施工技术[J].石家庄铁道学院学报,2001(S):32-34.
[20] 赵占厂,谢永利,杨晓华,等.黄土公路隧道衬砌受力特性测试研究[J].中国公路学报,

2004(1):66-69.

[21] 谭忠盛,孟德鑫,石新栋,等.大跨小间距黄土隧道支护体系及施工方法研究[J].中国公路学报,2015,28(1):82-97.

[22] 何川,李讯,江英超,等.黄土地层盾构隧道施工的掘进试验研究[J].岩石力学与工程学报,2013,32(9):1736-1743.

[23] 陈建勋,姜久纯,王梦恕.黄土隧道网喷支护结构中锚杆的作用[J].中国公路学报,2007,20(3):71-75.

[24] 周生国,黄伦海,蒋树屏,等.黄土连拱隧道施工方法模型试验研究[J].地下空间与工程学报,2005,1(2):188-191.

[25] 刘赪.郑西客运专线大断面黄土隧道施工方法研究[J].现代隧道技术,2007,44(6):10-17,31.

[26] 赵占厂.黄土公路隧道结构工程性状研究[D].西安:长安大学,2004.

[27] 张红,郑颖人.黄土隧洞支护结构设计方法探讨[J].岩土力学,2009,12(30).

[28] 张翺.大断面黄土隧道支护结构力学特性研究[D].北京:北京交通大学,2010.

[29] 王小军.黄土地区高速铁路建设中的重大工程地质问题研究(以郑西客运专线为例)[D].兰州:兰州大学,2006.

[30] 乔雄,陈建勋,王梦恕.黄土公路隧道洞口段变形规律测试研究[J].岩石力学与工程学报,2013,32(S2):3552-3556.

[31] 康军.黄土公路隧道设计与施工技术研究[D].西安:长安大学,2006.

[32] 陈建勋,乔雄,王梦恕.黄土隧道锚杆受力与作用机制[J].岩石力学与工程学报,2011,30(8):1690-1697.

[33] 袁永新.甘肃黄土公路隧道设计与施工技术研究[D].西安:长安大学,2007.

[34] 陈建勋,姜久纯,罗彦斌,等.黄土隧道洞口段支护结构的力学特性分析[J].中国公路学报,2008,21(5):75-80.

[35] 刘祖典.黄土力学与工程[M].西安:陕西科学技术出版社,1997.

[36] 李宁,程国栋,谢定义.西部大开发中的岩土力学问题[J].岩土工程学报,2001,23(3):268-272.

[37] 谢定义.试论我国黄土力学研究中的若干新趋势[J].岩土工程学报,2001,23(1):3-13.

[38] 廖大恩.饱和性黄土质单线铁路隧道施工技术[J].铁道工程学报,2005(4):51-54.

[39] 乔春生,管振祥,滕文彦.饱水黄土隧道变形规律研究[J].岩土力学,2003,24(S2):225-230.

[40] 李宁军,夏永旭.基质吸力对非饱和黄土隧道力学特性影响研究[J].西安公路交通大学学报,2000,20(2):49-51.

[41] 李宁,朱运明,谢定义,等.大断面饱和黄土隧洞成洞条件研究[J].岩土工程学报,2000,22(6):639-642.

[42] 邓国华,邵生俊,胡伟.考虑Q3黄土增湿特性的隧道围岩变形分析[J].地下空间与工程学报,2007,3(S2):1455-1458.

[43] 刘明振.湿陷性黄土间歇性浸水试验[J].岩土工程学报,1985,7(1):47-54.

[44] 张苏民,张炜.减湿和增湿时黄土的湿陷性[J].岩土工程学报,1992,14(1):57-61.

[45] 张孟喜,孙钧.受施工卸载扰动黄土的变形与强度特性研究[J].岩石力学与工程学报,2005,24(13):2248-2254.

[46] 苗天德,刘忠玉,任久生.湿陷性黄土的变形机理与本构关系[J].岩土工程学报,1999,21(4):383-387.

[47] 陈正汉,许镇鸿,刘祖典.关于黄土湿陷的若干问题[J].土木工程学报,1986,19(3):62-69.

[48] 邵生俊,邓国华.原状黄土的结构性强度特性及其在黄土隧道围岩压力分析中的应用[J].土木工程学报,2008,41(11):93-98.

[49] 杨星.非饱和原状黄土的固结特性及试验方法研究[D].西安:长安大学,2008.

[50] 石磊,侯小军,武进广.大断面黄土隧道施工工法研究[J].隧道建设,2013,33(3):173-178.

[51] 杨建民.大断面黄土隧道施工方法分析[J].铁道工程学报,2015,10(10):86-92.

[52] 傅德明,周文波.超大直径盾构隧道工程技术的发展[C]//第五届中国国际隧道工程研讨会文集.上海:同济大学出版社,2011:62-70.

[53] 藤井崇弘,平田昌孝,石原企洋,等.椭圆断面TBMの开发[J].建设的机械化,1994,1:54-57.

[54] 孙统立.异形盾构工法研究现状及其应用[J].铁道科学与工程学报,2017,14(9):1959-1966.

[55] 孙统立.多圆盾构施工扰动土体位移场特性及其控制技术研究[D].上海:同济大学,2007.

[56] MATSUMOTO Y, ARAI T, OHTA H, et al. Experimental study on the multi-circular face shield[C]//Proceedings:1991 Rapid Excavation and Tunneling Conference. Seattle, Washington,1991:815-828.

[57] SONODA T, HAGIWARA H, OSAKI H, et al. Construction of underground space by a new shield tunneling method: spiral tunneling and ramification of multi-circular face shield[J]. Tunneling and Underground Space Technology,1992,7(4):355-361.

[58] KASHIMA Y, KONDO N, INOUE M. Development and application of the DPLEX shield method: results of experiments using shield and segment models and application of method in tunnel construction[J]. Tunneling and Underground Space Technology,1996,11(1):45-50.

[59] 楼葭菲.双圆盾构隧道管片衬砌内力计算与分析[D].上海:同济大学,2004.

[60] 袁金荣,周裕倩,刘学增,等.双圆盾构隧道衬砌结构设计及参数研究[J].岩土工程学报,2005,27(6):638-641.

[61] 孙巍,官林星,温竹茵.大断面矩形盾构法隧道的受力分析与工程应用[J].隧道建设,2015,35(10):1028-1033.

[62] 孙巍,官林星.软弱地层中大断面矩形盾构法隧道衬砌结构受力分析研究[J].建筑结构,2015,45(S2):69-74.

[63] 宋博.双圆盾构隧道衬砌结构及施工技术研究[D].上海:同济大学,2003.

[64] 陈馈,冯欢欢.超大矩形盾构适应性设计与施工对策[J].建筑机械化,2014(3):71-74.

[65] 汤继新,王柳善,季昌,等.类矩形土压平衡盾构掘进引起的地层变形三维数值分析[J].华东交通大学学报,2016,33(1):9-15.

[66] 何川,封坤,方勇.盾构法修建地铁隧道的技术现状与展望[J].西南交通大学学报,2015,50(1):97-109.

[67] 侯公羽,杨悦,刘波.盾构管片接头模型的改进及管片内力的数值计算[J].岩石力学与工程学报,2007,26(S2):4284-4291.

[68] 蒋洪胜.盾构法隧道管片接头的理论研究[D].上海:同济大学,2000.

[69] 朱世友.国内地铁盾构区间隧道管片结构设计的现状与发展[J].现代隧道技术,2002,39(6):23-28.

[70] 贾连辉,范磊,冯猛.马蹄形盾构机研制关键技术及工程应用[J].中国铁道科学,2018,39(6):61-70.

[71] 申志军,艾旭峰,郑余朝,等.马蹄形盾构隧道结构内力现场测试[J].土木工程学报,2017,50(S2):267-273.

[72] 申志军,夏勇.黄土隧道马蹄形盾构工法选择及应用[J].隧道建设,2017,37(12):1518-1528.

[73] 董艳萍,贾连辉,薛广记,等.马蹄形盾构的工程应用解析试验[J].隧道建设,2020,40(11):1664-1672.

[74] 韩贺庚,申志军,皮圣.蒙华铁路隧道工程施工技术要点及机械化配套[J].隧道建设,2017,7(12):1564-1570.

[75] 郑永光,薛广记,陈金波,等.我国异形掘进机技术发展、应用及展望[J].隧道建设,2018,038(006):1066-1078.

[76] 张梅.蒙华铁路确保隧道施工质量安全关键措施[J].隧道建设,2017,37(12):1503-1507.

[77] 毕清泉.黄土地层大断面马蹄形盾构隧道渣土改良技术[J].安徽建筑,2020(04):105-109.

[78] 毕清泉.重载铁路黄土隧道盾构始发施工技术[J].安徽建筑,2019(04):57-60.

[79] 刘娇.马蹄形隧道掘进机刀盘设计探讨[J].隧道建设,2017,37(S1):204-211.

[80] 朱伟,胡如军,钟小春.几种盾构隧道管片设计方法的比较[J].地下空间,2003,23(4):352-356.

[81] 胡志平,罗丽娟,蔡志勇.盾构隧道管片衬砌荷载模式比较分析[J].岩土工程技术,2004,18(1):19-22.

[82] 汤漩,黄宏伟.盾构隧道衬砌设计中几个问题的研究[J].地下空间,2003,23(2):210-215.

[83] 夏明耀,曾进伦.地下工程设计施工手册[M].北京:中国建筑工业出版社,1997.

[84] 杨悦.盾构管片设计的内力计算模型研究[D].北京:中国矿业大学(北京),2006.

[85] 曾东洋,何川.地铁盾构隧道管片接头抗弯刚度的数值计算[J].西南交通大学学报,2004,39(6):744-748.

[86] 朱合华,崔茂玉,杨金松.盾构衬砌管片的设计模型与荷载分布的研究[J].岩土工程学报,2000,22(2):190-194.

[87] 张厚美.装配式双层衬砌接头荷载试验与结构计算理论——南水北调中线穿黄隧洞结构计算模型研究[D].上海:同济大学,2000.

[88] 朱虹,潘国庆.装配式圆形衬砌接头刚度计算方法[J].中国市政工程,2004,(5):32-34.

[89] 蒋洪胜,侯学渊.盾构法隧道管片接头转动刚度的理论研究[J].岩石力学与工程学报,2004,23(9):1574-1577.

[90] 李宇杰.非连续接触计算模型在盾构衬砌力学特性方面的应用研究[D].北京:北京交通大学,2012.

[91] 刘建航,侯学渊.盾构法隧道[M].北京:中国铁道出版社,1991.

[92] 日本土木学会.日本隧道标准规范盾构篇及解释[M].刘铁雄,译.成都:西南交通大学出版社,1988.

[93] 苏宗贤,何川.荷载—结构模式的壳—弹簧—接触模型[J].西南交通大学学报,2007,42(3):288-292.

[94] 朱伟,黄正荣,梁精华.盾构衬砌管片的壳—弹簧设计模型研究[J].岩土工程学报,2006,28(8):940-947.

[95] 朱合华,崔茂玉.盾构衬砌管片的设计模型与荷载分布的研究[J].岩土工程学报,2000,22(2):190-194.